JN296570

シードブック
教育心理学

本郷一夫・八木成和　編著

相澤直樹・荒井龍弥・石橋正浩・上野淳子・糠野亜紀・小林　真
佐藤　淳・神藤貴昭・平川昌宏・松並知子・吉國秀人　共著

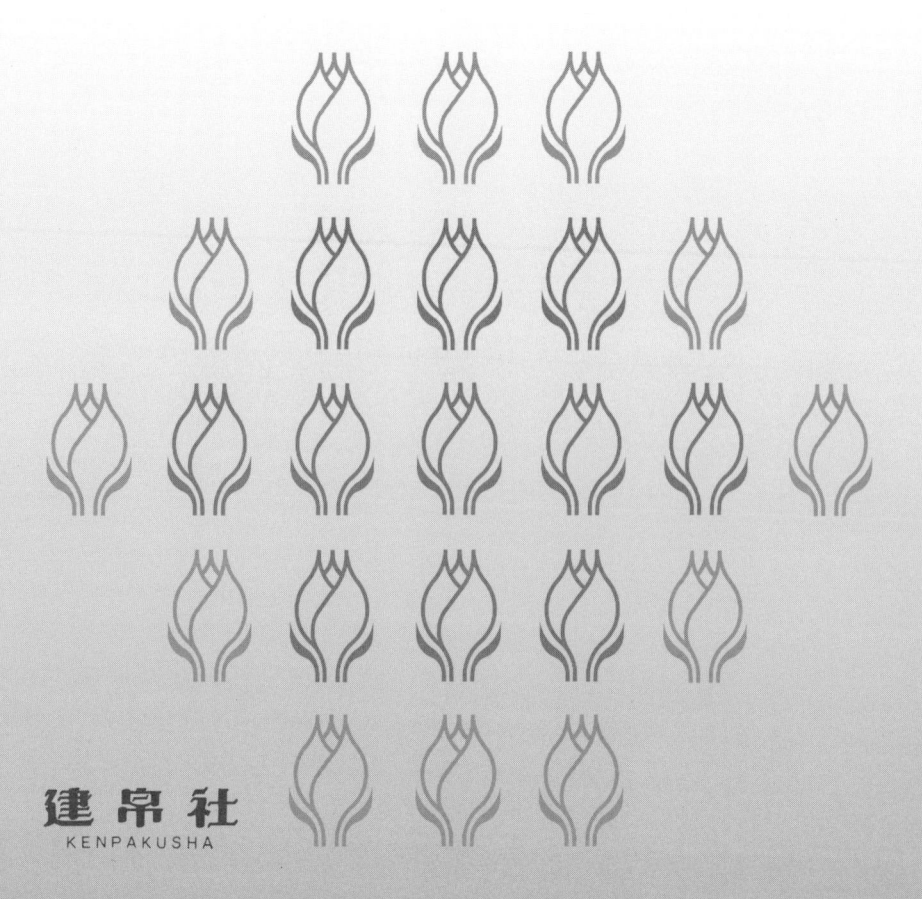

建帛社
KENPAKUSHA

はしがき

　近年，子どもの教育をめぐる状況は大きく変化してきている。教師や保育者として子どもの教育に携わる人には，そのような子どもたちを取り巻く現状を理解した上で，教育や保育を進めることが一層求められるようになってきている。

　第一に，学力低下の問題があげられるであろう。ＯＥＣＤ生徒学習到達度調査（PISA：Programme for International Student Assessment）によれば，2000年の第1回調査以降，2003年（第2回調査），2006年（第3回調査）と調査を重ねるたびに，「科学リテラシー」「数学リテラシー」「読解力」のいずれの分野においても，日本の順位が低下していることが示されている。このような状況の中，2008年2月に公表された小中学校の学習指導要領案では，「ゆとり教育」を見直し，主要教科を中心に授業時間数と指導内容が増加した。

　第二に，不登校やいじめの問題がある。不登校は若干減少傾向にあるという調査結果が示されているものの，平成18年度では小・中学校合わせて12万人以上の子どもが不登校状態にあることが示されている。また，いじめの認知数も，平成18年度では小・中学校を合わせて11万件以上にものぼっている。いじめについては，いじめ自体が潜在化していることもあり，実際にはどのくらいの発生件数があるのか正確にはつかめていないとの指摘もある。

　第三に，特別支援教育の推進がある。平成19年4月から「特別支援教育」が学校教育法に位置づけられ，すべての学校において，障害のある幼児児童生徒の支援をさらに充実させていくこととなった。義務教育段階でも，従来の特殊教育の対象であった児童生徒約20万人に加え，LD，ADHD，高機能自閉症などの約68万人が対象となると推計されている。また，学校教育段階における対応だけでなく，乳幼児期から学校卒業後までの支援が進められることが期待さ

れている。

　以上のような教育を取り巻く現状を踏まえ，このシードブック「教育心理学」は，将来，保育士の資格や，幼稚園教諭免許，小学校教諭や中学校教諭の教職免許を取得し，保育所や幼稚園，小学校・中学校で働くことが期待される学生，現在，保育者や教師として活躍している人などを対象として，それらの人たちが学校教育の現場において子どもの発達を捉え，理解し，教育や支援を進めることに役立つことを目的として企画されたものである。

　具体的な構成として，第Ⅰ部「教育心理学の基礎」では，教育と発達との関係，学習，意欲，知能など子どもの教育を進める上で理解しておかなければならない基本的な事柄が示されている。第Ⅱ部「授業の構築と学級経営における教育心理学」では，授業の構築と評価，学級経営など実際の教育を進めていくために必要な知識や技能が示されている。第Ⅲ部「諸問題に対する教育心理学的アプローチ」では，不登校・いじめ・暴力行為，発達障害を持つ子どもの理解と対応，特別支援教育，教育相談の進め方など先に述べた現在の教育の諸問題に対して，教育心理学の立場からどのようなアプローチが可能なのかについて示されている。

　このような趣旨で編集された本書を利用して，現在の教育の現状に目を向けながらも表面的な問題だけに振り回されず，子どもの成長，発達の原理を踏まえた教育を推進することによって，新しい社会を創り出す子どもたちの成長を支える教師や保育者が育つようになればと願う。

　最後に，本書の企画，編集に際し，建帛社の根津龍平氏には大変お世話になった。本書の構成段階から温かく見守り，迅速で適切な対応をしていただき，ここに心から感謝の意を表したい。

2008年2月

編者　本郷一夫
　　　八木成和

も く じ

第Ⅰ部　教育心理学の基礎

第1章　教育と発達 …………………………………………… 1
1．教育心理学とは ………………………………………………… 1
　（1）教育心理学の目的　1　（2）人の成長，発達を規定するもの　2
2．遺伝と環境の関係を捉えるアプローチに潜む問題 ………… 3
　（1）古典的アプローチの持つ問題　3　（2）遺伝規定性の不思議　3
3．成熟と学習　―双生児の階段登り研究を通してわかること― ……… 4
　（1）ゲゼルの階段登りの研究　4　（2）ゲゼルの解釈についての疑問や批判　5
　（3）疑問や批判への回答　6　（4）双生児の階段登り研究の新たな問題　6
4．子どもたちを取り巻く教育環境の諸側面 …………………… 7
　（1）文化の伝達としての教育　7　（2）教師と子どもとの関係　8
　（3）集団の教育力　10
　（4）多様な子どもたちへのアプローチ
　　　―子どもたちのニーズに沿った教育のあり方―　11

第2章　学習の原理 …………………………………………… 13
1．学習とは―二つの定義― ……………………………………… 13
　（1）行動の変化を重視する立場の定義　13
　（2）内的なシステムを重視する立場の定義　14
2．行動の変化を重視する立場からの知見 ……………………… 15
　（1）古典的条件づけ（レスポンデント条件づけ）　15　（2）オペラント条件づけ　17
　（3）二つの条件づけの違い　19
3．内的なシステムを重視する立場からの知見 ………………… 19
　（1）潜在学習，洞察，観察学習　19　（2）思考のプロセスとしての問題解決　22

4．知識の獲得とその使用……………………………………………………24
　　（1）知識獲得のプロセス　24　（2）知識の使用の困難さ―推論の不全―　25

第3章　意欲と動機づけ………………………………………………28
　1．やる気を高めるには……………………………………………………28
　　（1）動機づけとは　28　（2）なぜ勉強するのか　28
　　（3）ごほうびはやる気を高めるか　29
　　（4）「ごほうびのためにやる」から「面白いからやる」へ　31
　2．「やればできる」期待とやる気 ………………………………………32
　　（1）何をやればいいのか　32　（2）やってもムダだったとき　33
　3．成功や失敗の原因とやる気……………………………………………35
　　（1）原因次第でやる気が変わる　35　（2）失敗を努力のせいにすると　36
　　（3）努力不足でもやる気が起きない？　37
　4．目標とやる気……………………………………………………………37
　　（1）成績のための勉強か，知識のための勉強か　37
　　（2）成功するためか，失敗しないためか　38

第4章　知能と学力……………………………………………………40
　1．知能とは何か……………………………………………………………40
　2．知能の構造………………………………………………………………40
　　（1）スピアマンの知能観　41
　　（2）サーストンの知能観　41
　　（3）ギルフォードの知能観　41
　　（4）ガードナーの知能観　41
　3．知能測定の歴史…………………………………………………………43
　　（1）知能検査の誕生　43　（2）知能指数の採用　44
　　（3）集団式検査の登場　44　（4）個別式検査の展開　44
　4．知能の測定と評価………………………………………………………45
　　（1）知能検査の種類　45
　　（2）日本で用いられている個別式知能検査の構成と特徴　45

（3）知能検査の表示方法　48
　5．知能と学力の関連……………………………………………………49
　　（1）学力とは何か　49　（2）知能と学力のかかわりをどう捉えるか　50
　6．知能検査の利用と留意点……………………………………………51

第Ⅱ部　授業の構築と学級経営における教育心理学

第5章　教授─学習過程……………………………………………54
　1．教授─学習過程のモデル……………………………………………54
　　（1）子どもの行動を変容させる授業：学習理論から　54
　　（2）子どもの「頭の中」を考えた授業：認知理論から　55
　　（3）他者と学び合うような授業：社会的構成主義理論から　56
　2．授業の計画と実施……………………………………………………57
　　（1）授業を計画する　57　（2）授業を実施する　60
　　（3）授業内容　61
　3．授業の評価・分析……………………………………………………62
　　（1）授業を評価する　62　（2）授業を分析する　62
　4．Plan-Do-See サイクル………………………………………………65

第6章　教　育　評　価…………………………………………68
　1．教育評価の意義………………………………………………………68
　　（1）なぜ評価するのか？　68　（2）評価の種類　70
　　（3）評 価 方 法　72
　2．評価を活用した試み…………………………………………………74
　　（1）学習の評価　74　（2）「総合的な学習の時間」の評価　76
　　（3）子どもによる自己評価の利用　76　（4）アセスメント（assessment）　77
　　（5）学校以外の関係者による評価　77
　3．評価の落とし穴………………………………………………………79
　　（1）本当に評価できているのか？　79　（2）評価の歪み　79

第7章 教育測定と統計……………………………………………81
1．教育測定の例………………………………………………81
2．尺度のいろいろ……………………………………………83
3．原因にかかわる変数と結果にかかわる変数……………86
4．クラス全体の傾向把握……………………………………86
　（1）中心を示す代表値 *86*　（2）散らばりを示す代表値 *87*
5．平均の分布とその変換……………………………………88
6．教育測定の意義……………………………………………91

第8章 パーソナリティと適応…………………………………93
1．パーソナリティの形成にかかわる要因…………………93
　（1）遺伝と環境の要因 *93*　（2）子どもの気質 *94*
　（3）親の養育スタイルと子どもの性格 *95*　（4）集団生活の影響 *96*
2．パーソナリティの捉え方…………………………………97
　（1）類型論と特性論 *97*　（2）パーソナリティの測定 *98*
3．パーソナリティと教育方法の関係……………………103
4．適応と適応機制…………………………………………104
　（1）適　応　と　は *104*　（2）欲　　　　求 *105*
　（3）葛藤と欲求不満 *105*　（4）適応と適応機制 *106*
　（5）精神分析理論における防衛機制 *106*

第9章 学　級　集　団……………………………………………109
1．学級集団とは……………………………………………109
　（1）学級集団の特徴 *109*　（2）学級集団の発達 *111*
2．教師が学級集団に及ぼす影響…………………………112
　（1）教師の期待が学級集団に及ぼす影響 *112*
　（2）教師のあり方が学級集団に及ぼす影響 *113*
3．学級集団を捉える方法…………………………………114
　（1）ソシオメトリックテスト *115*
　（2）楽しい学校生活を送るためのアンケートＱ─Ｕ *116*

4．学級がうまく機能しない状況……………………………………………… *117*
　　（1）学級崩壊とは　*117*　　（2）学級崩壊を生じさせるさまざまな要因　*118*
　　（3）小1プロブレム（小1問題）　*118*
5．学級をまとめるための教育プログラム…………………………………… *119*
　　（1）構成的グループエンカウンター　*119*　　（2）ソーシャルスキル教育　*121*

第Ⅲ部　諸問題に対する教育心理学的アプローチ

第10章　不登校・いじめ・暴力行為……………………………………………*124*
1．不　登　校………………………………………………………………… *124*
　　（1）不登校の歴史と定義　*124*　　（2）不登校の現状　*125*
　　（3）不登校のきっかけと原因　*125*　　（4）不登校児への対策　*127*
2．い　じ　め………………………………………………………………… *129*
　　（1）いじめとは　*129*　　（2）いじめの現状　*130*
　　（3）いじめの形態　*131*　　（4）いじめの見えにくさ　*132*
　　（5）いじめの要因　*133*　　（6）いじめへの対応　*135*
3．暴　力　行　為…………………………………………………………… *137*
　　（1）暴力行為とは　*137*　　（2）暴力行為の現状　*138*
　　（3）「荒れ」る子ども・「キレる」子どもの特徴　*139*　　（4）暴力行為への対応　*139*

第11章　発達障害を持つ子どもの理解と対応……………………………*142*
1．発達障害とは……………………………………………………………… *142*
　　（1）「気になる」子ども　*142*　　（2）発達障害とは　*143*
　　（3）発達障害の原因　*144*
2．発達障害の種類と特徴…………………………………………………… *144*
　　（1）学習障害：Learning Disabilities（LD）　*144*
　　（2）注意欠陥多動性障害：Attention-Deficit/Hyperactivity Disorder（ADHD）　*146*
　　（3）自閉症：Autism　*147*
3．発達障害の子どもへの対応……………………………………………… *151*
　　（1）全般的な対応方法　*151*　　（2）各障害の特徴に対する対応　*154*

第12章　これからの特別支援教育……………………………………… *157*

1．特殊教育から特別支援教育へ……………………………………… *157*
（1）これまでの特殊教育　*157*　　（2）特別支援教育の必要性　*158*

2．特別支援教育の体制づくり……………………………………… *160*
（1）特別支援教育を推進するための体制　*160*　　（2）学校内の組織の再編　*161*
（3）特別支援学校との連携　*164*　　（4）外部諸機関との連携　*166*

3．幼稚園・保育所における特別支援教育……………………………… *167*
（1）特別支援教育の範囲の拡大　*167*　　（2）子どもの実態把握について　*168*
（3）保育における工夫　*170*　　（4）外部機関との連携　*171*

第13章　教育相談の進め方……………………………………………… *174*

1．教育相談の歴史と今日的展開……………………………………… *174*
（1）教育相談の歴史　*174*　　（2）社会の中における学校と教育相談　*175*
（3）今日的な教育相談の展開　*176*　　（4）保育と幼児教育における教育相談の展開　*177*

2．教育相談の役割………………………………………………………… *177*
（1）子どもと保護者へのアプローチ　*178*　　（2）教師，保育者を対象とした相談　*178*
（3）ソーシャルワーキング　*179*

3．進路指導とキャリア教育……………………………………………… *180*
（1）キャリア教育の必要性と理念　*180*　　（2）キャリア教育の理念と取り組み　*182*
（3）キャリア教育の中での教育相談　*183*

4．保護者対応と支援……………………………………………………… *183*
（1）現代社会における保護者との関係の変化　*183*
（2）保護者への対応と支援の留意点　*184*

さくいん………………………………………………………………………… *186*

第Ⅰ部 教育心理学の基礎

第1章
教育と発達

1．教育心理学とは

(1) 教育心理学の目的

　人は，持って生まれた特徴（遺伝）と生まれた後の環境とのかかわりの中で，成長，発達していく。近年では，人の遺伝について多くのことが知られるようになってきた。以前は，環境の影響だと考えられていた事柄でも遺伝が関与していることが明らかになってきている。しかし，依然として，人を取り巻く環境の影響は大きい。いくら優れた遺伝的形質を持って生まれてきたとしても，何らかの環境刺激が与えられなければ人は成長，発達していくことはできない。

　それでは，どのような環境刺激が人を成長，発達させるのであろうか。それはもともと人が持って生まれた特徴とどのように関連しているのであろうか。そして，人の成長や発達を促すためには，どのような働きかけを行えばよいのであろうか。そうしたことを明らかにしようとするのが教育心理学である。

　教育心理学（Educational Psychology）は一般に，教育にかかわる心理学とされるが，ここでいう教育は学校教育にとどまらない。保育所，幼稚園における保育者のかかわりも教育である。家庭におけるしつけももちろん教育である。また，特に何かを教えることを目的としていないかかわり，たとえば親子間の日常的なやりとりなども教育心理学の対象となる。さらには，人に対する直接的な働きかけだけでなく，環境を通した間接的な働きかけもその対象となる。

人は環境のさまざまな側面とかかわることによって学習し，発達する。その点で，教育心理学は，さまざまな教育の側面を考えながら，それらの教育的営みの中にどのような心理学的機能が働いているのか，教育を改善していくためには心理学の知見をどのように利用していったらよいかについて明らかにしていく学問だと位置づけられる。

（2）人の成長，発達を規定するもの

人間の成長，発達は何によって決まるのかという点について，古くからいくつかの議論がある。たとえば，発達は生まれつき持っていた性質が徐々に現れてくるものだという考え方がある。これは，**遺伝論（生得説，成熟説）**と呼ばれる。一方，人間は，いわば何も書き込まれていない白紙の状態（**タブラ・ラサ：tabula rasa**）で生まれてくるという考えがある。この考えに基づき，後の経験こそが発達を決めるとするのが**環境論（経験説，学習説）**である。

しかし，先に述べたように，人間の発達は遺伝と環境の両方に影響されていると考えるのが妥当であろう。遺伝と環境の両方に注目した説としては，**シュテルン**（Stern, W.）が提唱した**輻輳説**がある。この説は，遺伝と環境が加算されて発達が生み出されることを示す説（相和説とも呼ばれる：発達＝遺伝＋環境）として紹介されることもあるが，本来は，次に示す相互作用説に通じる考え方である。**相互作用説**は，輻輳説と対比される場合，しばしば，発達＝遺伝×環境（相乗説とも呼ばれる）と表される。この式では，遺伝か環境のどちらか一方がゼロであれば，発達もゼロとなってしまうことから，遺伝と環境のどちらが欠けても人間の発達は促進されないと捉えられる。

実際には，発達が遺伝と環境のかけ算によって説明できるかどうかは疑問である。そもそも遺伝と環境は独立に機能するものではないと考えられる。たとえば，環境が一定でも個人の特徴によって，その影響の程度や方向が違ってくる。また，ある遺伝的特徴を持つ人はある環境をより引きつけやすいといったこともある。したがって，相互作用説といっても，その中に遺伝と環境との関係についてさまざまな捉え方が含み込まれている。

2．遺伝と環境の関係を捉えるアプローチに潜む問題

(1) 古典的アプローチの持つ問題

　遺伝と環境とのかかわりを調べる方法としては，従来，家系法，双生児法，特異な環境で育った事例からの検討などが行われてきた。しかし，よく知られている事例の中には，事実そのものに疑いを持たれているものもある。たとえば，①劣悪な環境に育った子どもの家系を調査したカリカック家の話（家系法），②一卵性双生児と二卵性双生児を同じ環境で育てた場合と生後間もない頃から異なる環境で育てた場合とを比較し，遺伝と環境のかかわりを検討しようとしたバートの研究（双生児法），③狼に育てられた子どもアマラとカマラの話（特異な環境で育った事例）である。これらは現在ではいずれもその事実に疑いが持たれている。あるものはねつ造であり，別のものは神話に近いと考えられている[1]。

(2) 遺伝規定性の不思議

　上に述べたように，人の発達が，遺伝か環境のどちらかの要因だけで決まるわけではない。しかし，ある能力がどの程度遺伝によって規定され，どの程度環境によって規定されるのであろうか。この点について，遺伝的要素が発揮されるためには一定の環境が用意されなくてはならないとする**環境閾値説**を唱えた**ジェンセン**（Jensen, A. R.）は，遺伝規定性という概念を使って知能の遺伝率を求めた。

　ここでは，知能の個人差 V_P（知能の分散）は，知能の遺伝の個人差 V_H（遺伝的な分散）と環境の良し悪し V_E（環境の分散）によって決まると考えられる。そして，遺伝率 h^2 とは，知能の個人差がどれだけ遺伝的なものによって説明されるかであり，簡略化すると次の式によって求められる[2]。

$$h^2 = V_H / (V_H + V_E)$$

　たとえば，知能の個人差 V_P がすべて遺伝の個人差で表されるとすると V_H

が1，V_E が0になるため，$h^2=1.00$ となり，遺伝率100％ということになる。逆に，知能の個人差 V_P がすべて環境の個人差で表されるとすると V_H が0，V_E が1になるため，$h^2=0$ となり，遺伝率0％ということになる。

　しかし，この遺伝規定性の弱点も指摘されている[2]。すなわち，環境の違いが大きい集団では V_E が大きくなるため，結果として h^2 が小さくなってしまう。逆に，環境の違いが小さい集団では，h^2 が大きくなるため遺伝規定性が強くなるということである。たとえば，この式を使ってイギリスにおける知能の遺伝率を計算すると約80％になるが，アメリカでは45％程度になると見積もられている。これは，イギリスに比べてアメリカの方が環境の格差が大きいためである。

　このように，同じ知能でも国が変われば，遺伝率が変わってしまうということになる。また，人を取り巻く環境が改善され，格差が縮まると遺伝率が高くなるという不思議な現象が起こる。その点からすると，遺伝規定性は環境の重要性はもちろんのこと遺伝の重要性を示す指標とはなり得ないといえる。

3．成熟と学習―双生児の階段登り研究を通してわかること―

（1）ゲゼルの階段登りの研究

　遺伝と環境との関係を考察する上で，心理学において古くから知られる例として，**ゲゼル**（Gesell, A.）と**トンプソン**（Thompson, H.）による双生児を対象にした研究がある。この研究は以下のような手順で実施された[3]。

　対象児は，研究開始時に生後46週の一卵性双生児T児とC児であった。
① 双生児の一方（T児）には，生後46週から6週間，毎日階段登りの訓練を行う。生後46週の訓練開始時には2人とも階段は登れない。
② もう一方の（C児）には，この6週間訓練は行わない。ただ，ずっと遅れて生後53週から2週間だけ訓練を行う。
③ 定期的に，階段をどのくらいのスピードで登れるかテストをする。

以上の方法によって研究を行った結果を次に示す。

表1-1　双生児TとCの階段登りの発達

週	46	48	52	53	55	70	79
T児	×	[40]秒	26秒	17秒		6秒	⑦秒
C児	×	×		45秒	[10]秒	10秒	⑧秒
T児の訓練	訓練開始	訓練2週間					
C児の訓練	訓練前				訓練開始	訓練2週間	

(柏木(1978)，野呂(1986)より作成)

定期的に実施したテストでの成績は**表1-1**の通りであった。表中の□は，それぞれ訓練を開始してから2週間後の成績である。

① 成績は後から訓練を始めたC児の方がよい。
② C児の成績向上のスピードはT児に比べて，めざましい。
③ ○印のように，ずっと後には，2人の成績は差がなくなり，早く始めたT児の訓練の効果は消滅する。

このような研究結果から，ゲゼルは次のように結論づけた。すなわち，①乳児の行動の形成は，神経構造の整備・成熟によって規定される。②訓練(学習)の効果は成熟をしのぐことはできない。③訓練の効果は成熟の条件によって制約される。

(2) ゲゼルの解釈についての疑問や批判

双生児の階段登りの研究結果は，ゲゼルら成熟論者にとって都合のよい結果であった。しかし，この研究に対してはいくつかの問題点が指摘されている。

① C児は階段登りの訓練を受けていなかったが，日常の生活の中での動き，すなわち椅子の上り下り，つたい歩きなどの中に階段登りの訓練となっているものが多くあったのではないか。
② T児が訓練を受けて上手に階段を登るのを見れば，訓練を受けていないC児も訓練場面以外では，階段を登るまねをしたと考えられる。研究者が知らない場面でC児は練習していたのではないか。

③ ゲゼルは成熟論者であったので、知らず知らずのうちに、自分の主張するような方向に合うようにデータを解釈していたのではないか。いわゆる人が期待する方向に結果が偏るという**ピグマリオン効果**が働いていたのではないか。

このような疑問や批判は、主として学習や経験を重視する立場からなされている。また、訓練されたものだけが学習されるわけではなく、日常生活の中で子どもが自発的に学ぶことによって、子どもは成長、発達していくのだという観点に立っている。いわば、意図的な教育以外の側面からも子どもは多くのことを学ぶという考え方である。

(3) 疑問や批判への回答

上で述べた疑問や批判は、ゲゼルらの研究の詳細を知らなければ、十分考えられるものである。しかし、実態は違っていた[4]。

T児とC児の母親は、双生児を出産後、死亡したため、2人は生後5週目から乳児院で生活することになった。そして、T児が階段登りの訓練を受けていた期間、C児は伝染病にかかったため乳児院内の隔離病棟でT児と離れて生活していたという。したがって、椅子の上り下りやつたい歩きなど階段登りの基礎的な技能を発達させるような運動はしていなかったと考えられる。また、隔離されていたため、T児のまねをして、訓練時間以外に階段登りの練習をしていたということもない。さらに、どちらの子どもが訓練を受けた子どもかを知らされていない第三者が訓練の効果の判定にあたっていたという。したがって、この点でも研究者の予断や偏見が結果に影響を与えたとは考えられない。

(4) 双生児の階段登り研究の新たな問題

それでは、やはり「訓練（学習）の効果は成熟をしのぐことはできない」のであろうか。研究の詳細なプロセスを踏まえた上で、ゲゼルの研究における問題点がいくつか指摘されている[4]。

第一に、子どもの**内発的動機づけ**（第3章で詳しく述べる）とかかわる部分

の制御ができていないという点である。さまざまなおもちゃを用いて行動を誘発しようとしているが，6週間毎日訓練するT児とそうでないC児とでは，実験道具の目新しさも異なり，階段登りに駆り立てる誘因力に差があるのではないかということである。すなわち，子どもが自分から行動しようとする能動性の問題である。

　第二に，階段登りの訓練用に選ばれたいくつかの行動が，基礎技能として，また発達の「先行者」として適切であったかといった問題である。階段登りにかかわって行われた訓練は，①5段の階段を登る，②離れて立っている実験者やおもちゃのところへ行く，③物や人につかまりながら歩く，などであった。むしろ，手をとって1段ずつ階段を登るよりも，ハイハイを十分させた方がよかったのではないかと指摘されている。

　第三に，ゲゼルたちの研究は，**臨界期**（critical period）や**敏感期**（sensitive period）に対する考慮に欠けるのではないかという指摘である。行動の獲得には，訓練が早すぎても遅すぎてもだめであり，それらの行動を学習する最適の時期があるという点を考慮すると，単純に訓練（学習）に対する成熟の優位を結論づけることはできないのではないかということである。

　このゲゼルたちの研究とそれに対する疑問や批判は，成熟と学習の問題を考える上で重要な示唆を含んでいる。すなわち，「何でも早く教育を開始すれば効果が大きい」とする素朴な学習論，早期教育論への警鐘と同時に「子どもは待っていれば自然に育つ」といった素朴な成熟論の不十分さを指摘している。

4．子どもたちを取り巻く教育環境の諸側面

（1）文化の伝達としての教育

　ゲゼルの研究は，「発達に応じた教育」とは何かを改めて考えさせてくれる。しかし，教育は文化の伝達であるという点からすれば，行動の原因を追求するよりも，子どもの成長，発達を促進するために私たちには何ができるのかといった点から考えてみることが有益であろう。

一般に，効果的な教育を行うためには子どもの発達段階，成熟，経験，知識の獲得状態などを捉えておくことが重要であるといわれる。別の言い方をすれば「**レディネス（readiness）に応じた教育**」ということになる。レディネスは，ある学習・教育において子どもが成功するために必要な前提条件として持っている成熟の状態や経験，すなわち準備状態と定義される。しかし，レディネス自体も成熟と経験による発達の中でつくり上げられるものである。また，学習課題や教授法によってもレディネスは異なる[5]。したがって，レディネスは絶対的なものでも固定的なものでもない。

　これに関連して，子どもの発達を社会・文化的文脈に位置づけ，教育との関連を考えた研究者としてヴィゴツキー（Vygotsky, L. S.）を挙げることができる。ヴィゴツキーは，カテゴリー化，問題解決などの複雑な精神活動は，人との社会的相互作用を通して獲得されると考えた。そして**発達の最近接領域**（ZPD：Zone of Proximal Development）という概念を提案した（「最近接発達領域」と表現されることもある）[5]。これは，子どもが自力ではまだできないが，年長者の助けによって解決できる課題の範囲を指す。たとえば，発達年齢がともに5歳の2人の子どもに自力では解けない問題をヒントを与えながら行わせたとき，1人は6歳まで，もう1人は8歳の問題まで解けるといったように，子どもによって潜在的発達水準が異なることがある。このように現在の発達水準と大人や年長の子どもとの共同を通して解決できる水準，すなわち成熟しつつある水準に目を向けることが重要だと考えられた。したがって，教育はこの発達の最近接領域に働きかけ，発達を促していくものだとされる。

　しかし，発達の最近接領域は，個人の中に閉じたものではない。それは，教師—子ども，親—子ども，子ども—子ども，集団といった関係の中に埋め込まれ，人との関係の中で意味を持つ概念であると考えられる。

（2）教師と子どもとの関係

　教師は，子どもに知識や社会的規範を教える役割を担っている。ある社会・文化の中で子どもが成長し，新たな社会をつくり上げる大人に育つのに影響を

及ぼす重要な社会化のエイジェントである。ときには新たな知識や技能を伝え，ときには子どもが自ら持ってしまっている誤った知識を修正する役割を担う。

このような社会化のエイジェントとしての教師には，子どもに知識や規範を伝達し，適切な環境を用意するための知識や技能を身につけることが求められる。それと同時に，子どもとの関係をどう築くかが重要となる。

表1-2には，高校生が遅刻した場合に，2人のタイプの教師から注意を受けたときの反応について調べた結果が示されている[6]。ここで，A先生は，生徒に対して厳しく接し，集団の規律を守らせる「規律重視タイプ」の教師である。一方，B先生は，生徒の気持ちを大事にし，生徒に何が悪かったのかを考えさせる「生徒中心タイプ」の教師である。また，教師イメージというのは，生徒が持つ教師に対する肯定的イメージの高低を表したものである。ここから，先生に対する肯定的イメージが低い生徒が「規律重視タイプ」の教師に注意されたとき，最も「反省しているふりをする」ということがわかる。一方，実際に最も「反省する」のは，教師に対する肯定的イメージが高く，「生徒中心タイプ」の教師に注意を受けた場合である。しかし，教師に対して肯定的イメージを持っていない生徒については，逆に「生徒中心タイプ」の教師からの注意を受けたときに最も「反省しない」という結果になる。

このように，どのようなタイプの教師がよいのか，どのような注意の仕方がよいのかといった単純な働きかけの良し悪しではなく，重要なのは教師と生徒との関係性である。関係が築けてこその教師の働きかけなのである。

表1-2 高校生の「遅刻」に対する教師の注意の効果（得点，8点満点）

教師	規律重視タイプ		生徒中心タイプ	
教師イメージ	高	低	高	低
反省しているふり	5.91	6.13	4.10	5.65
反発する	3.86	3.73	2.80	3.35
反省する	5.38	5.00	6.65	4.95
今後もうしない	5.38	4.87	6.30	4.95

（田辺（2000）より作成）

(3) 集団の教育力

　表1-3には，幼稚園の先生が用いる子どもへの呼称の年齢別比較が示されている[7]。ここから，年少，年中，年長と年齢が上がるにつれて，子どもが「個人名」で呼ばれる割合が減少し，「集団名」で呼ばれることが多くなることがわかる。とりわけ，「目に見える集団」（「ひまわり組」など子どもたちがいつも所属している集団）に比べて，「目に見えない集団」（「お行儀の悪い人たち」などのようにその都度，形成される集団）の割合が増加している。表1-4のエピソード[7]に示されるように，逸脱している子どもを注意する場合，教師はその子どもの所属する集団単位に言及し，その集団の一員として適切な行動をとるように指示する。これは，教師が用いる技法の一つであると同時に教師が期待する「集団の教育力」である。

　しかし，このような「集団の教育力」は，子どもの仲間関係に肯定的影響を及ぼすとは限らない。教師による集団関係の操作の中に埋め込まれた教育的配慮までは子どもは学んでいないため，些細な特性の違いをもとに仲間集団から特定の子どもを排斥する事例がみられるようになる。また，集団を強調しすぎることで子どもが，個人間の差異に必要以上に敏感になることもある。

　子どもたちは，教師との関係だけではなく，子ども同士の関係の中で多く学んでいく。その点で，個々の子どもに対する働きかけや個々の子どもとの関係だけではなく，どのような子ども集団，クラスをつくるのかといった点から，教師の働きかけを捉えてみることも重要となる。

表1-3　先生の用いる子どもへの呼称　　（%）

学年		年少	年中	年長
個人名		62.4	31.4	17.6
集団名	目に見える集団	16.2	34.0	34.8
	目に見えない集団	21.4	34.6	47.6
	計	37.6	68.6	82.4
合計		100	100	100

（結城（1998）より作成）

表1-4　幼稚園年中児・うめ組の「おかえり」の時間における教師の発言

　はい，それじゃぁ，今日は道がぬれていますのでね，滑らないようにして帰ってください。それからね，今日はお行儀の悪い方たちがちょっとめだちましたよー。赤ちゃんみたいでおかしいわね。きちっとけじめがつけられる人はみんな，きくさんにいけますけれど，あんまりけじめのつけられない方は，もう一回うめさんにいかなきゃいけないんだけれど，だいじょうぶかしら？

(結城（1998）より作成)

（4）多様な子どもたちへのアプローチ
—子どもたちのニーズに沿った教育のあり方—

　特別支援教育が本格的に実施される中で，重要となるのは子どもたちの持つ多様なニーズ，特別なニーズに対応する仕組みの構築と実際の対応である。しかし，ここで特別な教育的ニーズを持つ子どもというのは，必ずしも発達障害の診断を受けている子どもに限定されるわけではない。2005年（平成17）12月に出された「特別支援教育を推進するための制度の在り方について（答申）」の中にも「障害に関する医学的診断の確定にこだわらず，常に教育的ニーズを把握しそれに対応した指導等を行う必要がある」ことが示されている。子どもの年齢が低い場合，必ずしも確定診断に至らないケースもある。しかし，子ども自身は特別な保育ニーズや教育的ニーズを持っていると考えられる。また，虐待を受けた子ども，口蓋裂などの身体的変形を持つ子どもなどもそれぞれのニーズを持っている。

　その点で，第一に，子どもと子どもを取り巻く環境に対して的確にアセスメントを実施する能力が教師には求められる。第6章で詳しく述べるが，ここでいうアセスメントは，知能検査や発達検査の適用に限られるわけではない。むしろ，子どもの日常と子どもの背景を知ることにより，子どものニーズを捉えるためのアセスメントである。第二に，そのアセスメント結果に基づいて，子どもに対する指導計画や支援計画を立案し，実施する能力が求められる。

　しかし，ここで注意しなくてはならないのは，個々の子どものニーズを知

り，個々の子どものニーズに合わせた教育を行うということは，個々の子どもを教室や集団から抜き出して，個別に対応するということではない。先に述べたように，子どもは仲間とのかかわりを通して成長，発達していく。その点で，①「個」を集団から抜き出して考えるのではなく，集団の中での子どもの適応と発達を促進する教育計画を立案すること，②特定の子どもの問題だけにとらわれず，教育全体の見直しをすることによって，クラス全体が成長することが重要であると考えられる。

■引用文献

1) 本郷一夫:「発達」(本郷一夫編著:発達心理学―保育・教育に活かす子どもの理解―，第1章)，pp.1-12, 建帛社，2007
2) 井上健治:「遺伝と環境」(永野重史・依田 明編:教育と発達，第10章)，pp.205-223, 新曜社，1983
3) 柏木惠子:こどもの発達・学習・社会化，有斐閣，1978
4) 野呂 正:「成熟と学習」(宮川知彰編:発達心理学Ⅱ，第12章)，pp.149-161, 日本放送出版協会，1986
5) 宍戸健夫・金田利子・茂木俊彦監修:保育小辞典，大月書店，2006
6) 田辺智洋:「生徒の「問題行動」の変容に及ぼす教師の働きかけに関する研究―教師のタイプと注意状況に着目して―」，平成11年度東北大学教育学部卒業論文，2000
7) 結城 恵:幼稚園で子どもはどう育つか―集団教育のエスノグラフィティ―，有信堂，1998

第Ⅰ部　教育心理学の基礎

第2章
学習の原理

1．学習とは─二つの定義─

　「学習」という言葉からまず思い浮かぶのは，机に向かって勉強すること，あるいはもう少し一般化して，それまで知らなかったことを新たに学ぶこと，であろう。もちろん，それらも本章でこれから述べる学習の重要な一側面だが，心理学が定義する学習の意味範囲はそれよりもずっと広い。しかも，人間だけに限った現象でもない。むしろ，心理学に古くからある学習研究では，人間以外の動物を対象にすることが多かった。人間よりも環境や遺伝の影響を統制しやすい動物を観察することで得られた一般的な法則を，人間にも当てはめて，その行動を説明したり，制御したりしようと考えたのである。

（1）行動の変化を重視する立場の定義
　このような，外から観察可能な行動の変化を重視する立場（**行動主義**）の心理学では，学習は「**経験に基づく行動の変化**」と定義されている。つまり，経験（刺激）を重ねることによって，少しずつ徐々に行動（反応）が変化していき，最終的な目標に至る（図2−1のAの線），といったプロセスがここでは学習と呼ばれる。技能に優れたスキーヤーも，はじめからうまく滑れたわけではない。転び方や体重移動のリズムなどの諸点で経験を重ね，試行錯誤しながら上達していったのである。ただし，留意しておかねばならないのは，「行動の変化」のすべてが学習の結果とは限らないことである。背が伸びて高い棚の上に手が届くようになった，といった成熟による行動の変化や，薬物やアル

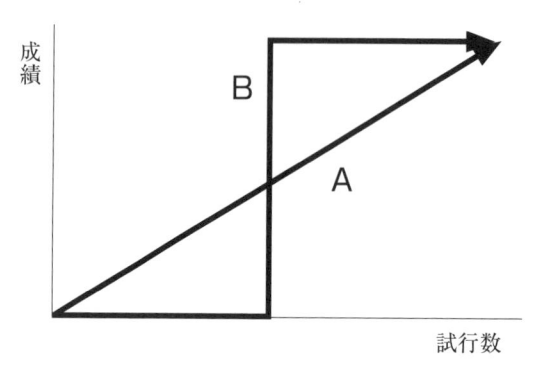

図2-1 学習の二つの定義

コールによる一時的な行動の変化は，学習がもたらしたものではない。学習は，経験による行動の変化が持続することで，はじめて成立したとみなされるのである。このような学習観を，学校の授業場面にあてはめて表現すると，まだ教えられていない学習者の反応レベルはゼロである。教えられる（刺激を重ねる）ことによって，何もない土地にレンガを積み上げていくように徐々に反応が形成されて，最終的な目標レベルに到達する，そのような考え方といえる。

（2）内的なシステムを重視する立場の定義

しかし一方で，生体が持つ内的なシステムを重視する立場（**認知主義**）の心理学では，学習は「**内部にあるシステムの変化**」と考えられている。後述するように，実は行動的な側面からみても，変化はいつも徐々に進む試行錯誤的な変化として観察されるわけではなくて，無反応の状態から一気に目標に至るといった（図2-1のBの線），急激な変化がみられることがある。この理由は，生体の内部に存在する何らかのシステムが組み換わって，その結果，情報処理の仕方が以前とは大きく異なることになったため，と説明される。たとえば，他者に対してはじめに持っていた印象が，ある出来事をきっかけにまるで違ってしまう場合がある。このときの印象の変化は，試行錯誤的に徐々に変わっていくというよりも，劇的な転換と感ずることが多い。このような学習観を授業

場面にあてはめてみると，教えられる以前から学習者の反応レベルはゼロではない。なぜなら，ここでは，教えられる内容に関連する知識を，たとえそれが誤っているにせよ，あらかじめ持っていると考えるからである。そして，教えられることによってその知識体系（内部にあるシステム）が組み換わり，反応が変化して目標に至る，このような考え方となる。

以上の二つの学習観の違いは，教え方の違いとなって現れてくるだろう。つまり，白紙の状態からの積み上げと捉えるか，すでに持っている知識体系の組み換えと捉えるかで，授業の進め方は異なることになると思われる。そして，どちらの学習観を持つことがより適切かは，教える内容と学習者の事前の状態に応じて変化すると考えられる。

次節からは，それぞれの学習観に基づいて得られた，心理学の基礎的な知見について紹介していこう。

2．行動の変化を重視する立場からの知見

（1）古典的条件づけ（レスポンデント条件づけ）

　カキは冬の味覚である。好きな人も多いだろう。ただし，たまにカキを食べてあたる（食中毒になる）場合がある。不幸にも一度あたってしまうと，しばらくはカキを食べることができない。見るのも嫌になってしまう。見たり匂いを嗅いだりしただけで気分が悪くなってしまうからだ。しかし，それまでは好きだった食べ物に，なぜ見ただけで嘔吐感を催してしまうようになったのだろうか。あたった原因は，もちろんカキ自体にあるのではない。カキに付いていたノロウイルスが嘔吐や下痢という生理的反応を引き起こしたのだ。したがって，カキに限らず，ノロウイルスが付着している食べ物を食べれば，同様の症状が出ることになる。それなのに，本来嘔吐反応を引き起こさないカキを見ただけで気分が悪くなってしまうのは，カキとノロウイルスという二つの刺激をともに受けたことによって，両者の結びつきが緊密になったからだといえる。このように，二つの刺激がともに与えられたとき（**対提示**），両者の間に緊密

な関係性が構築され，本来反応を引き起こさないはずの刺激に対しても反応するように行動が変化することを，古典的条件づけによる学習という。このとき，もともとの嘔吐反応を**無条件反応**と呼び，その反応を引き起こしていたノロウイルスを**無条件刺激**，嘔吐反応を引き起こすようになってしまったカキを**条件刺激**と呼ぶ。そして，条件刺激となったカキを見て嘔吐反応を起こすことを，**条件反応**と呼んでいる（図2－2参照）。

　このように私たちの身近にも起こっている現象を，条件反射学として体系化したのが**パブロフ**（Pavlov, I. P.）である。イヌを対象にした有名な実験では，肉粉を無条件刺激，ベル音を条件刺激として繰り返し対提示することによって，ベル音だけを聞かせたときの唾液の分泌（条件反応）量が徐々に増加していくことが確認された。一方で，対提示をやめて条件刺激のみを提示していくと，いったん成立した条件反応が徐々に弱まってくること（**消去**）も確かめられた。また，条件反応が成立していれば，条件刺激に類似した別の刺激でも同様に条件反応が起こること（**般化**）も示された。先の例では，カキだけでなく別の貝類を見ても気分が悪くなってしまうことに相当する。

　さて，これまで挙げた二つの例は，どちらもごく生理的な反応を扱っていたが，近年では古典的条件づけが扱う反応の範囲がやや広がり，比較的複雑な感情などにもその知見が活用されるようになってきた。たとえば，販売したい商品と，好感情を喚起する背景とを対提示する手続きが，商品に対する好感情を向上させるといった，古典的条件づけをイメージ形成に応用した研究も行われる傾向にある[1]。身近なところで探してみると，教えてくれた先生が素敵だっ

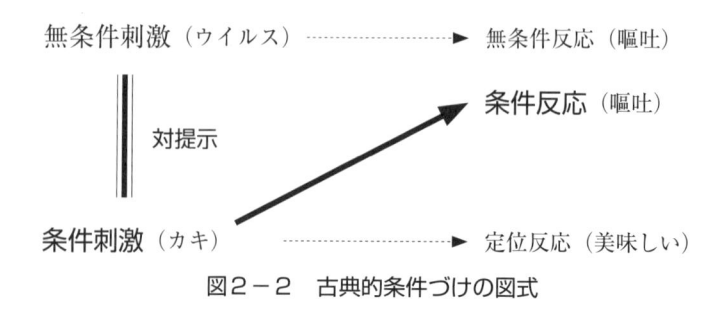

図2－2　古典的条件づけの図式

たからその教科が好きになった，といったケースが相当するだろうか。これを古典的条件づけの図式で説明すれば，もともとは先生本人が，好感情を引き起こす刺激となっていたはずである。ところが，教えている英語とその先生が，繰り返し対提示されることによって，徐々に英語という教科に対しても条件反応として好感情を抱くようになったのかもしれない。

ただし，英語を好きになるという反応が，結果として引き起こされたのではなく，その反応を自ら発することによって何らかの結果（たとえば，先生に気に入られるなど）を導く場合，それは古典的条件づけではなく，また別の条件づけによって説明されることになる。次では，そのもう一つの条件づけを紹介しよう。

（2）オペラント条件づけ

イヌは時として人生のパートナーになってくれる。飼ったことのある人も少なくないだろう。「お手」や「待て」といった指示が通じると，一体感を感じることもできる。しかし，はじめから指示通りに行動してくれたわけではない。「お手」という音声刺激自体が，飼い主の手のひらに前足を乗せるという反応を引き起こしているわけではないからだ。前足を出すかどうかは，イヌに任された自発的な行動（**オペラント反応**）である。この行動がなされた直後に，ごほうびとしてジャーキー（**強化刺激**）を与える。イヌならば大いにほめてやることだけでもよいだろう。このとき，「お手」という声は，いつ前足を出したらよいかをイヌに知らせる信号（**弁別刺激**）となる。この一連の手続きを繰り返すことによって，徐々に刺激と反応が緊密に結びつき，ついには指示通りに「お手」ができるようになる。このように，弁別刺激が示されたあとにオペラント反応がなされ，その反応に対して強化刺激が与えられたとき，3者の間に緊密な関係性（**3項随伴性**）が構築されて，オペラント反応の強さや頻度が変化することを，オペラント条件づけによる学習という（図2-3参照）。

ここで再び，教えてくれた先生が素敵だったからその教科が好きになった，というケースを考えてみよう。これをオペラント条件づけの図式で説明すれ

弁別刺激（音声「お手」）：**オペラント反応**（前足を出す）

強化刺激（ジャーキー）

図2-3　オペラント条件づけの図式（3項随伴性）

ば，素敵な先生は弁別刺激となる。英語を自発的に勉強すべきなのは今である（オペラント反応の生起）。そうすれば，素敵な先生にほめてもらえる（強化刺激の付与）。ほめられればさらに一生懸命勉強する（反応の強化）。勉強を重ねれば，わからなかったことがわかるようになる。この経験自体がまた強化刺激になって，勉強そのものが面白くなり，英語が好きになった，このようになる。

　オペラント条件づけの研究は，ロシアのパブロフとほぼ同時期に，アメリカの**ソーンダイク**（Thorndike, E. L.）によって始められた。のちにそれを行動分析学として大成させたのは，**スキナー**（Skinner, B. F.）である。実験は，ラットやハトが反応キーを押すと，エサが与えられる仕組みになっているスキナー箱という装置を用いて行われた。ここから，反応頻度を増加させる強化の方法ばかりでなく，反応頻度を減少させる**消去**（強化刺激の付与の中止）や，**罰**（嫌悪刺激の付与など）の手続きが検討され，それらを含んでオペラント反応を制御する諸規則（**強化スケジュール**）が見いだされた。

　また，ここでの成果は，第5章で述べる**プログラム学習**として，教育場面にも応用されている。スキナーが提唱したプログラム学習は，行動の変化が目標の実現までに徐々に少しずつ進むという見方に基づいて，学習行動の自発的な喚起を促し，行動の結果をそのつど知らせるという観点から構成されている。このような教育方法は，とりわけ，教える以前の反応形成がほとんどなされていない場合に，より高い有効性を持つと考えられる。

（3）二つの条件づけの違い

　これまで，古典的条件づけとオペラント条件づけの二つを紹介してきたが，両者はいずれも，刺激に基づく反応の変化を扱っているという点で共通している。では，この二つはどこで区別されるのだろうか。

　一つめのポイントは，反応の種類である。古典的条件づけが対象とする反応は，ある刺激によって結果的に引き起こされてしまう反応である。生理的，感情的な反応がよく例に挙げられるのはそのためである。一方，オペラント条件づけが対象とする反応は，自発的な反応で，それを行うことによって何らかの結果を導くような反応である。

　ただし，先に「ある教科を好きになる」という例を挙げたように，反応の種類のみに着目して，両者を区別することが難しい場合がある。教科への好感情が，引き起こされたものか，それとも自発的なものかは，反応の外見だけからは判断できない。

　そこで，二つめのポイントは，学習の内容となる。つまり，何が学習されてその反応が生起しているかを考える。古典的条件づけでは，対提示による二つの刺激の関係性が学習されている。それに対して，オペラント条件づけでは，ある反応と刺激（報酬や罰）との関係性が学習されている。それゆえ，教科への好感情が，刺激の対提示によって起こったのか，ほめられるという報酬刺激と結びついて起こったのかを判断すれば，両者を区別できることになる。

3．内的なシステムを重視する立場からの知見

（1）潜在学習，洞察，観察学習

　ここでは，強化刺激に基づく行動の変化とは見なしにくい現象について列挙していく。

　まず，ネズミに迷路学習をさせる際には，通常，出口にチーズを置いて訓練する。そうすると，試行を重ねるにつれ，少しずつ徐々に誤反応は減っていって，1週間後にはほとんど誤りなく出口に到達できるようになる。これは，報

酬刺激による反応の強化といえる。一方，出口にチーズを置かずに，ただ迷路の中を走らせていると，1週間経っても誤反応はほとんど減少しない。ところが，その翌日チーズを出口に置いてみると，誤反応は急激に減って，1週間チーズを置いて訓練したネズミとほぼ変わらない成績を示す。この現象は，報酬刺激なしにただ走っていた期間にも，何らかの学習がなされていたことを示している。このように，行動には現れないが，強化刺激がなくとも行われているとみられる学習のことを，**潜在学習**と呼ぶ。そして，この間に行われた学習は，出口に到達するために必要な内的システムの構築（**トールマン**（Tolman, E. C.）によれば「認知地図」の形成），と説明される。

また，**ケーラー**（Koehler, W.）は，チンパンジーに，天井から下に高く吊るしたバナナを取るという課題を課した。バナナは，チンパンジーがただジャンプしても届かない位置にあるが，床に置いてある2，3の木箱を積み上げて，それに登れば届く位置にある。このとき，チンパンジーは，バナナを見つけて何度かジャンプしてそれを取ろうと試みるが，無理だとわかると，木箱を放り投げたりして遊び始める。ところが，しばらくその状態が続いたあと，突然，木箱をバナナの下に積み上げて難なくバナナを取ってしまった。この行動は，刺激による反応の強化が徐々に行われた結果というよりも，急激な変化が唐突に生じたように見える。それゆえ，ケーラーは，この行動の変化を洞察によるものと説明した。洞察とはつまり，チンパンジーの内部で，課題状況の認知的な把握がなされたことを意味している。

さらに，人間の子どもを対象に行われた**バンデューラ**（Bandura, A.）の**社会的学習**の実験でも，刺激による直接的な強化が，行動の変化に常に必要なわけではないことが示されている。この実験では，はじめに大人が等身大のビニール人形を攻撃している映像を全員の子どもたちに観察させた。次に，先の映像に続けて，その大人が報酬を受けている様子を観察させる群（報酬観察群），罰を受けている様子を観察させる群（罰観察群），何も観察させない群（続きなし群）の3群に分け，その後の子どもたちの行動を調査した。その結果，映像の中の大人と同様の攻撃行動がみられた数は，報酬観察群と続きなし

群とで差がなかった一方，罰観察群ではそれら2群より少なかった。ここから，まず映像の中で行われる間接的な強化（**代理強化**）だけでも行動の変化は起こること，そして，そのような間接的な強化がない場合でも行動の変化は起こりうることが示された。このように，他者の行動を観察することによって，自分が経験するという直接的な強化がなされなくても，その行動が変化することを**観察学習（モデリング）** と呼ぶ。この用語には，それが単純な模倣ではなく，内的な認知過程の変化によりもたらされるものである，との意味が含まれている[2]。

　以上，三つの用語の解説を通して，学習が必ずしも刺激による反応の強化のみによらないことを示してきたが，このことは，外部刺激がなくとも内的なシステムの変化が起こって学習が成立することを意味するわけではない。ケーラーの洞察にしても，無から突然何かが構成されたとは考えにくい。おそらく生体は，あらかじめ旧来までの環境に適応できる内的なシステムを有しているが，その変化はただ自ずから生ずるのではなく，新たな問題事態に直面したときに付与される外部刺激との相互作用によって生起すると考えておいたほうがよいだろう。つまり，学習とは，外部刺激と内的なシステムとの相互作用に基づいて，外に表出される行動が変化すること（図2-4），と捉えるのがより妥当な見方になると考えられる[3]。

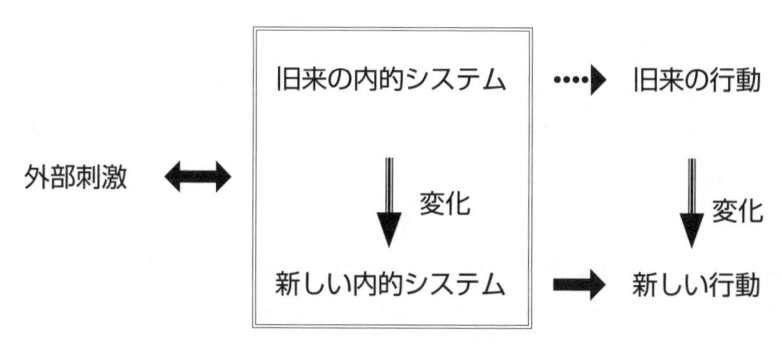

図2-4　学習の概念図（宇野（2002）を参考に作成）

(2) 思考のプロセスとしての問題解決

　問題解決とは，目標をにわかに達成できない事態に出会ったとき，その打開を図ることを指す。この意味では，先のネズミの迷路学習も，チンパンジーの課題解決も，問題解決の一つに含めることができる。その際，新たな内的なシステムの構築が問題の解決を導いたと説明されたが，具体的にはどのようなことが起こっているのだろうか。ここでは，私たち人間の日常的な問題解決過程について考えてみよう。

　チャーハンが上手に作れないとする（問題事態）。ご飯が固まってしまって，ほぐそうと熱しているうちに焦げ付いてしまう。米の一粒一粒がくっつかずにパラパラしているのが，上手なチャーハンである（問題の把握）。では，パラパラさせるにはどうしたらよいか。粘り気の少ない品種の米を使う，炊き立てではなく一晩置いて水気が少なくなったご飯を使う，などの策が思い浮かぶ（仮説の形成）。そして，それらを使って作ってみる（仮説の検証）。しかし，問題は十分に解決されない。水分をいっそう抜く方法はないか。ご飯を電子レンジで温めてさらに水分を逃がす，事前にフライパンを熱して一気に水分を飛ばす，ことを考え（新たな仮説の形成），それを実行する（仮説の検証）。しかし，後から卵と野菜を投入すると，卵がご飯と絡まないうちに固まってしまい，野菜からは水分が出て，またご飯がくっついてしまう。そこで，炒める前に卵とご飯を十分に絡めておく，野菜は別に炒める，ことを思いつく（さらに新たな仮説の形成）。それを実行すれば（仮説の検証），ついにはパラパラのチャーハンができ上がることになる（問題の解決）。

　以上のプロセスを一般化すると，まず，何が解決されるべき問題なのかを特定する「問題の設定と把握」が行われる。次に，解決策としての「仮説の形成」が行われる。このとき，事前にどのようなことを知りえていたかが大きな影響を及ぼす。上の例では，米の品種の違い，水分の蒸発の仕方，使う食材の特性などの知識が事前に獲得されていなければ，適切な「仮説の形成」は行われないことになる。その上で，考えた解決策が適切かどうかを判断する「仮説の検証」が行われる。ここでその解決策が十分に有効と判断されるまで，上記

のステップは繰り返されることになる。このようなプロセスの中で，最も重要なステップはどれだろうか。それは，「仮説の形成」を行うことであるといえる[4]。なぜなら，これがなされなければ，問題の解決は見込めないことになるからである。

　ここで，その「仮説の形成」にかかわる，古典的な基礎研究を一つ紹介しておこう。まず，次の例題を考えてほしい。「今，いくらでも水が出る水道の蛇口と，目盛りの付いていない容器A（最大容量29L）と容器B（最大容量3L）が与えられている。これらを用いて，水20Lを量り分けよ」最大容量とは，容器にすり切り一杯に水を入れた場合の量なので，まず容器Aを満杯にし，容器Bで3回汲み出せば，容器Aにちょうど20Lが残ることになる。答えを式で表すと，「A－3B」となる。この要領で，表2－1の6問を，解答順序のとおりに解いてみてほしい。目標とは量り分ける水の量，容器はA，B，Cの三つで，それぞれの最大容量が数字で記されてある[5]。

　おそらく多くの人は，⑤まで順調だったが，⑥でつまづき，悩んだことだろう。⑤までは「A－B－2C」で解けるが，⑥ではそうはいかない。それまでの，「Bを満杯にした後，AとCを使って水を汲み出す」というやり方では答えが出ないのである。このことから，ルーチンス（Luchins, A. S.）は，同じ解法の反復が，後続する問題の解決に妨害的な影響を及ぼす場合があるとした。このように，先行の学習経験によって，ある問題解決方略が形成されるこ

表2－1　ルーチンスの水がめ問題

解答順序	目標	容器A	容器B	容器C
問題①	100	21	127	3
問題②	99	14	163	25
問題③	5	18	43	10
問題④	21	9	42	6
問題⑤	22	18	48	4
問題⑥	25	28	76	3

（ジンバルドー, P. G.（1983）を参考に作成）

とを，広く**学習の構え**（learning set）と呼んでいる。

しかし，これを「仮説の形成」という観点からみれば，①から⑤までの解決を通して，それぞれのやり方の共通点を見つけ，不十分かもしれないが一つの抽象化された解決方略，すなわち他の問題にも適用可能な「仮説」を形成した段階と捉えることもできる。そして，その「仮説」を⑥に適用してつまづいたことは，新たな仮説の形成を促すことになるだろう。このような見方からすると，適切な「仮説の形成」には，それまでの学習経験を組み合わせて抽象化を行う，という思考のプロセスが関与していることがわかる。

ところで，④と⑤には別解がある（それぞれ，「A＋2C」「A＋C」）。もし，解答順序を①⑥②⑤③④とすれば，「Bに溜めてAとCで汲み出す」という仮説は形成されず，別解での解答も増えるかもしれない。しかし，その場合の問題解決は，他に適用可能な方略を持たない，場当たり的なものにならざるを得ないだろう。

4．知識の獲得とその使用

（1）知識獲得のプロセス

前節で，適切な「仮説の形成」には，事前に獲得された知識が関係していると述べたが，ここでは，その知識がどのようなプロセスで獲得されていくかについて解説しておこう。

知識の獲得過程は，大きく分けて二つある。一つは，他者から教えられることによって新たな知識を獲得するプロセス，つまり他成的なプロセスである。本を読んだり，学校で授業を受けたりすることがそれにあたる。もう一つは，自らすでに獲得している知識を変換して，新たな知識を生成するプロセス，つまり自成的なプロセスである。先の例でいえば，「インディカ米はチャーハンによく使われる」から「水気の少ない米はチャーハンに適している」を導いたり，「加熱すれば水分は蒸発する」から「電子レンジでご飯の水気を抜く」を導いたりすることがそれにあたる。

知識の獲得というと，他成的なプロセスによるものが大半を占めるようにイメージされがちだが，実は自成的なプロセスによる割合もかなり大きいと思われる。たとえば，私たちは「動物」とは何であるかを誰かから教わった覚えはないのに，それを「知って」いる。小さい頃に初めて行った動物園で，ライオン，キリン，ゾウ，クマを見て，それらに共通する特徴をもとに，「動物とは四つ足の獣のことだ」といった抽象化が行われたのかもしれない。このように，出会った複数の事例から共通特徴を取り出して，抽象的な法則をつくり上げる推論のことを，**帰納**（induction）という。

しかし，自成的な知識は，自ら勝手に生み出した知識であるゆえに，不十分であったり，誤っていたりすることが多い。実は，「動物」の定義として，上の抽象化は正しくない。正しくは，「動き回って捕食し排泄する生物のこと」を指す。このような科学的に正しい定義や法則は，多くの場合，他成的なプロセスによって獲得されることになる。この定義をあてはめることによって，マグロも，トンボも，そして人間も「動物」である，と正しく判断できるようになるはずである。このように，あらかじめ正しいとされる法則を事例に適用して，結論を正しく導く推論のことを，**演繹**（deduction）という。

実際には，他成的なプロセスでも自成的なプロセスでも，帰納と演繹という二つの推論は行われることになる。つまり，知識の獲得は，この両者が自在に行われることによって進むと考えられる。

（2）知識の使用の困難さ―推論の不全―

ところが，「動物」の定義を正しく伝えた後に，「では，ウニは？」と尋ねると，必ずしもはかばかしい答えが返ってくるとは限らない。ウニも捕食し排泄することを伝えても，「とても動物とは思えない」と片付けられてしまう。この場面は，定義からの演繹的推論が円滑に行われていないことを示しているが，その理由に，先の「動物とは四つ足の獣」という当初の誤った知識が根強く残ったままであることが考えられる。つまり，教えられた定義と，自らの帰納的推論によって導いた定義とが共存する状態になっていて，にわかに正しい

とされる定義を適用できないのである。このように，自らの推論によって体系的に導かれた強固な自成的知識のことを，**素朴概念**（または**誤ルール**）と呼んでいる。これを科学的な正概念へと組み換えるためには，事前に素朴概念の存在が把握され，その組み換えをターゲットとした教授方略が十分に練られなければならない[6]。

　また一方で，帰納にせよ演繹にせよ，推論自体が活発に行われにくいことも報告されている。「種子植物」の生殖に関しては，「花が咲けばタネができる」という法則が成り立つが，この法則を，誤って球根で生殖すると思われがちなチューリップ（正しくは，タネで生殖する）を事例に用いて教えたところ，その適用はチューリップだけにとどまり，同じく球根や地下茎で同一個体が栄養繁殖するヒヤシンスやジャガイモ（これらもタネで生殖する）にまでは適用されなかった[7]。つまり，法則をもとに説明した内容は一般化されることなく，チューリップに固有の事情としてしか認識されなかったのである。このように，法則を事例とともに示しても，両者をつなぐ推論がほとんど行われずに，**提示事例の個別学習**に終始してしまう場合もある[8]。

　このように，知識は単に保持されているだけの状態では問題解決に使用されない。一方，教える立場から考えれば，単なる情報提示を行っただけでは「使える知識」を伝えたことにはならない。知識を現実の問題解決に使用させるためには，学習者に活発な推論を促す働きかけが考慮されなければならないといえるだろう。

■引用文献

1) Grossman, R. P., & Till, B. D.：The persistence of classically conditioned brand attitudes. Journal of Advertising, 27, 23-31, 1998
2) 中澤潤：「社会的学習理論」（東　洋・繁多進・田島信元編：発達心理学ハンドブック，11章），pp.214-230, 福村出版，1992
3) 宇野忍：「教育心理学とはどんな学問か」（宇野忍編：授業に学び授業を創る教育心理学第2版，第1章），pp.22-25, 中央法規，2002
4) 工藤与志文：「問題解決と知識体系」（宇野忍編：授業に学び授業を創る教育心理学第2版，第2章第2節），pp.61-66, 中央法規，2002
5) P. G. ジンバルドー：「推理と問題解決」（P. G. ジンバルドー著，古畑和孝・平井久監訳：現代心理学Ⅰ，4．3），pp.185-187, サイエンス社，1983
6) 麻柄啓一編：学習者の誤った知識をどう修正するか──ル・バー修正ストラテジーの研究──．東北大学出版会，2006
7) 麻柄啓一：誤った知識の組み替えに関する一研究．教育心理学研究，38, pp.455-461, 1990
8) 工藤与志文：概念受容学習における知識の一般化可能性に及ぼす教示情報解釈の影響．教育心理学研究，51, pp.281-287, 2003

第Ⅰ部 教育心理学の基礎

第3章
意欲と動機づけ

1. やる気を高めるには

(1) 動機づけとは

　自発的に勉強に取り組む子どももいれば，教師や親がいくら働きかけても意欲に乏しい子どももいる。また，勉強への意欲は湧かないが，スポーツや趣味には一生懸命になれる，という経験は誰にでもあるだろう。なぜこのようなことが起こるのだろうか。

　一般に，行動を起こし，それを一定の方向へ維持していくプロセスを，**動機づけ**（motivation）という。日常的にも，「モチベーション」はもっぱら「やる気」という意味で用いられているが，動機づけの研究は，「やる気の違いはなぜ生じるのか」「どうすればやる気を高めることができるのか」といった教育の重要なテーマに取り組むものである。

(2) なぜ勉強するのか

　勉強するのはなぜか，と問われたら，何と答えるだろうか。「成績が上がったらおこづかいをもらえるから」「勉強しないと叱られるから」「受験のために仕方がないから」という人もいれば，「興味があるから」「面白いから」勉強する人もいるだろう。このような動機づけは二つに分けられる。**外発的動機づけ**（extrinsic motivation）と**内発的動機づけ**（intrinsic motivation）である。

　外発的動機づけは，賞罰のためや，目標のための手段として行動するものである。先ほどの例では，「おこづかいのため（賞を得るため）」「叱られるから

(罰を避けるため)」「受験のため（手段として）」勉強する，が当てはまる．

一方，内発的動機づけは活動自体を目的としており，「興味があるから」「面白いから」勉強する，が当てはまる．ネズミや乳児も内発的動機づけに基づく行動をとる．たとえばネズミは，エサがほしくなくても新しい環境では探検してまわり，乳児は見える物を何でもつかみ，しゃぶって確かめる．このような，新しい刺激を求める傾向を**知的好奇心**（curiosity），環境と効果的にかかわろうとする能力を**コンピテンス**（competence）と呼ぶ．動物が生まれながら備えている知的好奇心やコンピテンスが，内発的動機づけを支えている．

教育においては，内発的動機づけを持つことが望ましいとされる．外発的動機づけに比べ，内発的動機づけに基づく学習は，外部に左右されず積極的かつ根気強く行われ，高い成果をあげる可能性が高いからである．

しかし現実には，内発的動機づけに基づいて学習に取り組んでいる子どもばかりではない．乳児期に持っていた，あらゆることへの意欲はどうして失われてしまうのだろうか．年齢が上がると内発的動機づけが低下する原因として，以下のような興味深い知見が見出されている．

（3）ごほうびはやる気を高めるか

パズルを解くと金銭的報酬（お金）がもらえる，などの実験を行った結果，内発的動機づけに基づく行動に金銭的報酬を与えると，次に報酬がなくなったとき内発的動機づけが低下することがわかった[1]．これはそれまでの常識を覆す結果であった．おこづかいなどの報酬はやる気を高めるとされており，報酬を与えたせいでやる気を損なうとは考えられていなかったのである．

絵を描くと物的報酬（賞状）がもらえるという別の実験でも，報酬がもらえなくなると自主的に絵を描く時間が少なくなるという結果が得られた[2]．以前あった報酬がなくなると内発的動機づけが弱まったのである．しかし，この実験では，報酬がもらえることを事前に知らなければ，後で報酬をもらっても絵への取り組み方に悪い影響がないこともわかった．つまり，報酬をもらうこと自体ではなく，報酬をもらえるだろうという期待が内発的動機づけを阻害して

いた。思いがけない報酬は，やる気を損なうわけではないようである。

以上のような，報酬によって内発的動機づけが低減される現象を，**アンダーマイニング**（undermining）**現象**という。勘違いされやすいのだが，アンダーマイニング現象は，報酬が得られる最中ではなく，その後報酬が得られなくなったときに起こるものである。がんばったごほうびにおこづかいをもらった場合，今後ももらい続けられるならいいが，おこづかいがもうないとわかったときはやる気がなくなるのである。また，報酬は一切与えないほうがよいわけではない。「よく出来たね」「がんばったね」のような言語的報酬（ほめ言葉）は，金銭的報酬とは逆に内発的動機づけを高める（**エンハンシング**（enhancing）**効果**）。ほめ言葉は惜しまずにかけた方がよいのである。

ところで，なぜおこづかいなどの報酬は内発的動機づけを低減させるのだろうか。アンダーマイニング現象のメカニズムについて，**認知的評価理論**[3]による説明をまとめたのが図3－1である。報酬には制御的側面と情報的側面の二つがあり，このうち制御的側面がアンダーマイニング現象にかかわっている。報酬の制御的側面によって，「自分自身の決定で行動している」と思えなくなり，「他者にコントロールされて行動している」「報酬のために行動している」と思うようになる。つまり内発的動機づけが外発的動機づけに変化するのであり，報酬がない場合は行動しなくなる。

小さい頃のやる気が失われる原因の一つは，子どもの取り組みを教師や親が

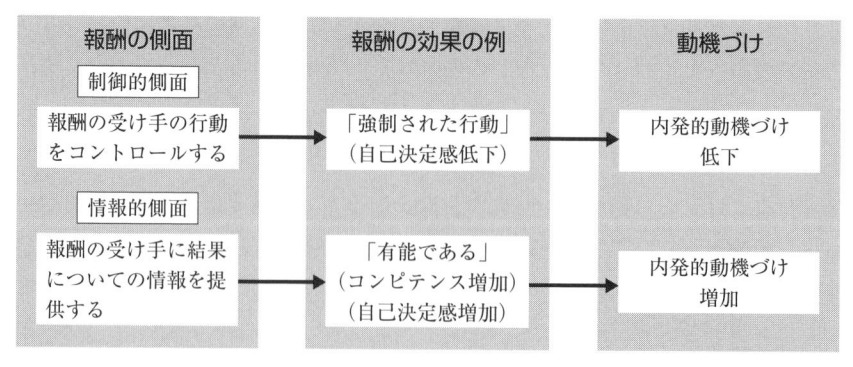

報酬の側面	報酬の効果の例	動機づけ
制御的側面 報酬の受け手の行動をコントロールする	「強制された行動」 （自己決定感低下）	内発的動機づけ 低下
情報的側面 報酬の受け手に結果についての情報を提供する	「有能である」 （コンピテンス増加） （自己決定感増加）	内発的動機づけ 増加

図3－1　アンダーマイニング現象における報酬の効果

報酬や罰を用いてコントロールしようとすることにある。外部からコントロールされることで，自分で自分の行動を決めようという子どもの**自律性・自己決定**が損なわれるのである。「そろそろ宿題しようかな」と思っているとき，親に「早く宿題しなさい」と言われると途端にやる気がなくなることがあるが，これも子どもの自律性が阻害されたからである。このように，自律性は動機づけに重要な役割を果たしている。

（4）「ごほうびのためにやる」から「面白いからやる」へ

　現実には，すべての子どもが内発的動機づけで学習に取り組むことは難しい。アンダーマイニング現象も，内発的動機づけに基づく行動に報酬を与えるのがよくないのであり，そもそもやる気がない場合，教師や親がただ見守るだけでは，いつになっても子どもは行動を開始しない。その場合，ごほうびで釣って行動を開始させることは有効であり，これが外発的に動機づけることである。

　まずは外発的動機づけから学習を始めても，そのうち学習の重要さや面白さに気付き，内発的動機づけに変わっていくことはできる。**自己決定理論**[4]では，自律性・自己決定の程度で，外発的動機づけと内発的動機づけを図3－2のように整理している。図の左側から右側へいくほど，自己決定の程度は高くなる。教師や親には，子どもの自己決定を尊重し，少しずつ内発的動機づけの方向へ変化していくよう働きかけることが求められる。

　これまで述べたように，内発的動機づけには自律性やコンピテンスがかかわっている。最近では，それに加えて他者との**関係性**も重要とされる。他者との関係を築いていくことが，やる気を高めるというのである。自律性，コンピテンス，関係性の三つの欲求と，動機づけの関係をまとめたのが図3－3である。自律性欲求を満たすには，目標や課題を自分で選択，設定できるようにすればよい。コンピテンス欲求を満たすには，手ごたえを感じられる適切な難易度の課題や，結果の評価が必要だろう。そして，そのようなサポートを行おうと子どもに関心を向ける教師や親の存在は，関係性欲求を満たすものともなる。

```
非自己決定的 ←――――――――――――――――――――――→ 自己決定的

非動機づけ          外発的動機づけ                    内発的動機づけ
調整なし   外的調整  取り入れ的調整  同一視的調整  統合的調整  内発的調整
```

- やらない
- 叱られるからやる
- やらないと不安だからやる
- 重要だからやる
- 手段としてだがやりたいからやる
- 面白いからやる

図3-2　自己決定の段階
（Ryan & Deci（2000）より作成）

三つの欲求

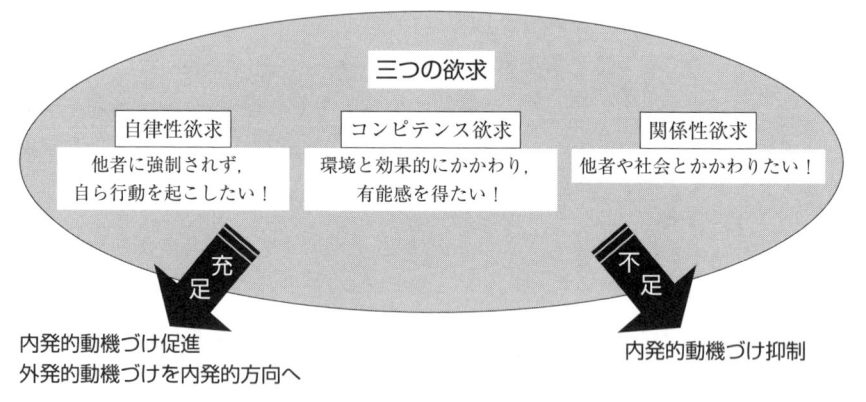

- 自律性欲求：他者に強制されず，自ら行動を起こしたい！
- コンピテンス欲求：環境と効果的にかかわり，有能感を得たい！
- 関係性欲求：他者や社会とかかわりたい！

充足 → 内発的動機づけ促進／外発的動機づけを内発的方向へ

不足 → 内発的動機づけ抑制

図3-3　三つの欲求と動機づけ

2．「やればできる」期待とやる気

（1）何をやればいいのか

　「やればできる」と思えれば行動するが，「やってもムダ」と思いながら行動することは難しい。どれぐらい成功の可能性があるかで，やる気が違ってくる。しかし，「こうすれば成功できる」とわかっていても，自分には実行できないものもある。「毎日規則正しい食事と運動をすれば健康になれる」とわかっていても，そんな面倒なことはできそうにない，という場合などである。

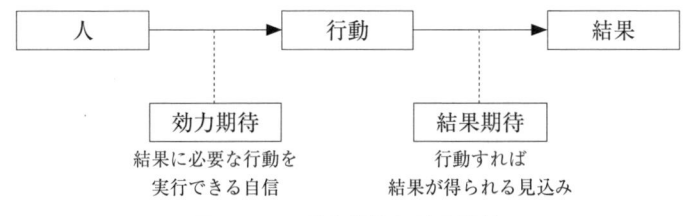

```
   人   ─→   行動   ─→   結果
         ⋮          ⋮
       効力期待      結果期待
   結果に必要な行動を  行動すれば
    実行できる自信   結果が得られる見込み
```

図３−４　効力期待と結果期待
(Bandura（1977）より作成)

　バンデューラ（Bandura, A.）は「こう行動すれば成功できる」という見込みを**結果期待**，その行動を実行する自信を**効力期待**と呼んだ（図３−４）[5]。目標のために何をすればいいかわかっている（結果期待）ことと，取り組めそうな身近な課題を設定する（効力期待）ことの両方が重要なのである。

（２）やってもムダだったとき

　何に対してもやる気になれない無力感状態は，なぜ起こるのだろうか。行動しても期待した結果が出ない経験を繰り返し，「何をやってもムダ」という考え方を身につけてしまったからではないか。
　行動してもムダだと学習してしまい，やる気をなくすことを，**学習性無力感**（learned helplessness）という。**セリグマン**（Seligman, M. E. P.）らは，イヌを対象とした実験でこれを見出した（図３−５）[6]。まず，第一段階では，電撃群と電撃回避群のイヌに電気ショックが与えられる。電撃回避群は鼻でパネルを押すと電気ショックを止めることができるが，電撃群には止める手段がない。双方の電気ショックは連動しているので，電撃群も電撃回避群も電気ショックを受ける程度は同じである。電撃なし群は電気ショックを受けない。次に，第二段階では，３群とも仕切りで２部屋に分けられた箱に入れられる。床に電気ショックが流れるが，その前に仕切りを飛び越えて隣の部屋へ逃げれば，電気ショックから逃れられるようになっている。この結果，電撃回避群と電撃なし群のイヌはすぐに逃げ方を学習したが，電撃群のイヌは逃げようとせず，電気ショックを受け続けたのである。第二段階で電撃群が逃げなかった原

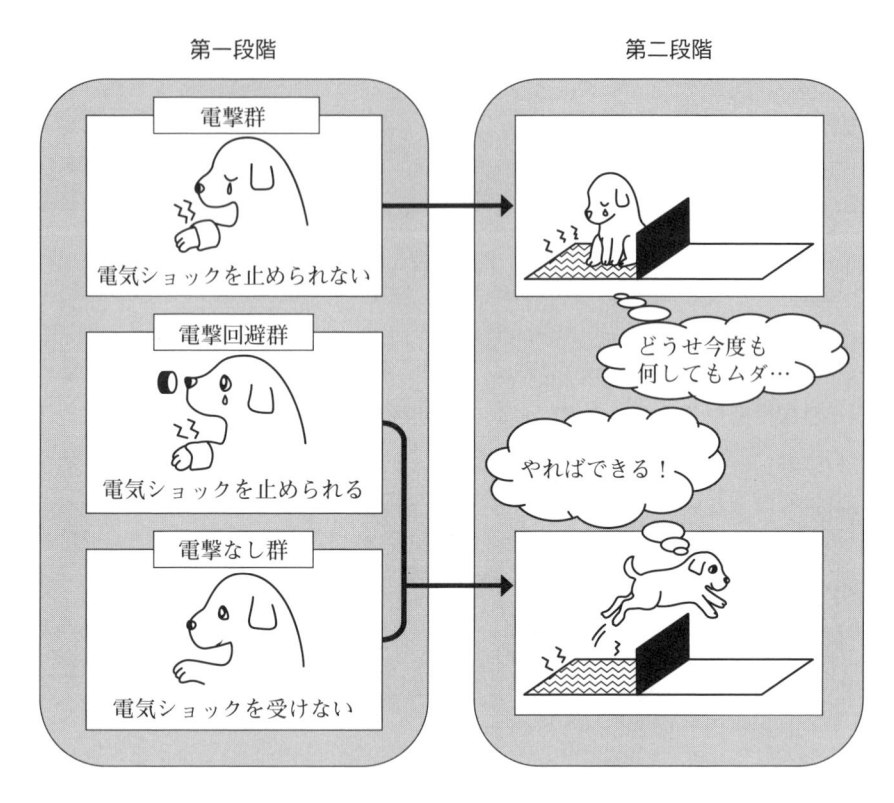

図3-5　学習性無力感の実験の概要

因は，第一段階で電気ショックという嫌な目に遭わされたことではない。同じように電気ショックを受けた電撃回避群は，逃げることに成功しているのである。電気ショックを自分で止められない，「何をやってもムダ」という経験が，何とかなるはずの他の状況でも行動する気を失わせたのである。

　人間にも学習性無力感は起こりうる。いくら勉強しても成績が上がらなければ，そのうち勉強しなくなり，勉強以外のことにもやる気を失う可能性がある。しかし，人間の場合，必ずしもそうならないことも指摘されている。たとえば，人間には，「やってもムダだった」という経験をすると，無力感に陥るどころか，「今度こそは」とかえってがんばる現象がみられることがある。ま

た，同じ経験をしても，すぐにやる気を失う人もいれば失わない人もいる。

このような問題点は，出来事の原因は何にあったと思うか，という**原因帰属**の概念を導入することで解決できる。たとえば，「がんばったのにダメだった」という経験は，学習性無力感理論に従うと，無力感に陥るしかない。しかし，「今回の失敗の原因は，努力不足のせいだ」と原因帰属すれば，「次は努力すれば大丈夫」とやる気を失わずにすむのである。

3. 成功や失敗の原因とやる気

（1）原因次第でやる気が変わる

原因帰属のプロセスを考慮すると，同じ成功や失敗でも，人によって次の動機づけが異なることが説明できる。テストで失敗しても，次こそはとかえってやる気になる人，次もきっとダメだとあきらめる人の違いは，失敗の原因を何のせいにするかという違いなのである。

ワイナー（Weiner, B.）によると，原因の種類と動機づけの関連は表3-1のようになる[7]。**統制の位置づけ**とは，自分の内部にある原因かどうかであり，誇りや恥の感情に影響する。**安定性**とは，その時々で変化する原因かどうかであり，次への期待にかかわる。ワイナーによると，最もやる気が高まるのは，成功を能力に，失敗を努力のせいにしたときであり，最もやる気をなくすのは，成功を運に，失敗を能力のせいにしたときである（図3-6）。このように，成功してもやる気をなくす場合もあるのである。また，失敗したから必ずやる気を失うわけではない。失敗の原因をどう捉えるか次第ということになる。

表3-1　原因帰属の種類

安定性	統制の位置づけ	
	内的	外的
安定	能力	課題の難易度
不安定	努力	運

（Weiner et al.（1971））

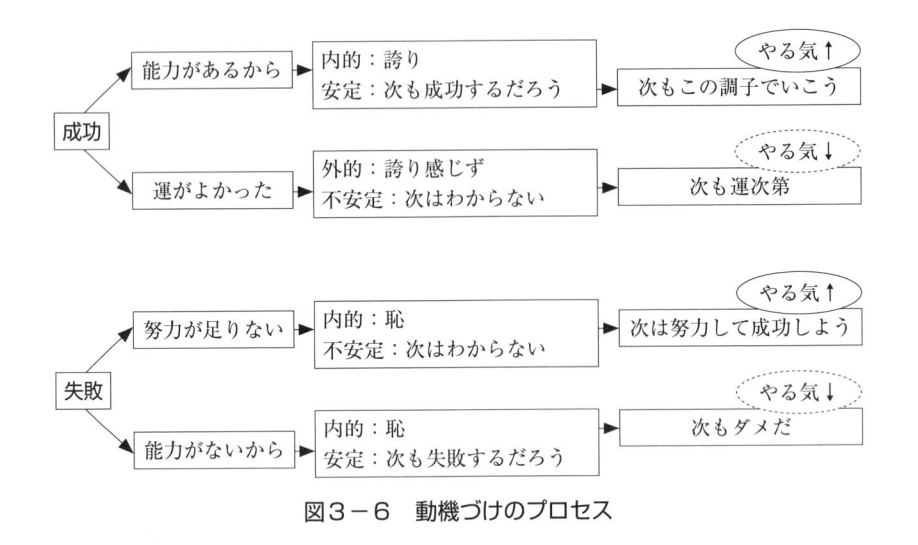

```
成功 ──┬──→ 能力があるから ──→ 内的：誇り           ──→ 次もこの調子でいこう  （やる気↑）
       │                         安定：次も成功するだろう
       └──→ 運がよかった  ──→ 外的：誇り感じず     ──→ 次も運次第          （やる気↓）
                                 不安定：次はわからない

失敗 ──┬──→ 努力が足りない ──→ 内的：恥              ──→ 次は努力して成功しよう （やる気↑）
       │                         不安定：次はわからない
       └──→ 能力がないから ──→ 内的：恥              ──→ 次もダメだ          （やる気↓）
                                 安定：次も失敗するだろう
```

図3-6　動機づけのプロセス

(2) 失敗を努力のせいにすると

　実際に，失敗を努力不足のせいにするよう子どもを指導し，やる気を起こすことに成功した例がある。

　まず，無気力状態の子どもを25日間算数の課題に取り組ませた。子どもの半数は，絶対に成功できる簡単な課題しか出されなかった（成功経験群）。残り半数は努力帰属群で，必ず失敗する難しい課題も出されたが，「失敗は努力が足りなかったせいで，努力すれば成功できる」と言われ，失敗の次は簡単な課題が出された。つまり，努力帰属群は，失敗も経験するが，失敗を努力不足のせいにするよう指導され，その次は必ず成功するよう仕組まれていたのである。25日間終了後，必ず失敗する難しい課題を出し，その反応を調べたところ，成功経験群はすぐに無力感に陥ったが，努力帰属群は失敗にもめげず課題に取り組めるようになっていた[8]。

　このことから，成功のみを経験するより，失敗も経験し，それにどう対処すればよいのかを知る方が重要ということがわかる。

（3）努力不足でもやる気が起きない？

　しかし，失敗を努力のせいにしても，いつもやる気に結びつくとは限らない。特に日本では，「努力すれば何でもできる」と努力の重要性が強調されるため，何でも短絡的に努力のせいにするが，どう努力すればいいのかわからなければやる気は起きないことが指摘されている。

　また，能力不足を隠すため努力帰属する場合もある。十分努力したのに失敗すると，能力がないからだということになり，自信も周囲の評価も下がってしまう。そのため，失敗の可能性があるときはわざと努力せず，努力不足のせいになるよう仕向けるのである。もし成功したら，努力していないのに成功するとは能力があるのだ，という評価を得られるので，努力しないほうが成功しても失敗しても損はないことになる。テスト直前に遊びに出かけたり，テスト当日に「全然勉強していない」と主張したりするのはこのためである。わざと努力しない事態を防ぐには，「失敗は致命的ではなく，成長する過程である」「能力も努力次第で伸ばすことができる」という考えを持つことが有効である。

4．目標とやる気

（1）成績のための勉強か，知識のための勉強か

　勉強するのは，よい成績をとるためだろうか。自分自身の知識を増やすためだろうか。よい評価を得たいというのは**遂行目標**，自分の能力を伸ばしたいというのは**学習目標**という[9]。どんな目標を持つかによって，その後の行動が異なってくる。前節で述べたわざと努力しない行動は，遂行目標を持つ人のパターンである。遂行目標を持つ場合，能力に自信があれば取り組むが，自信がなく失敗するかもしれないときは挑戦を避けるのである。一方，学習目標を持つ人は，自分に力をつけるために取り組むので，難しい課題にも挑戦する。

　遂行目標と学習目標のどちらを持つかは，**知能観**によって決まる。「知能は決まっていて変えることはできない」という考えは**固定理論**，「知能も努力次第で伸ばすことができる」という考えは**増大理論**という。固定理論を持つ人

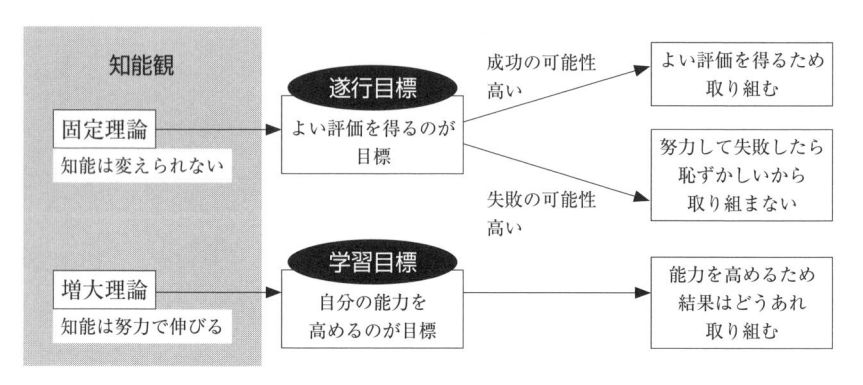

```
┌─────────────────────────────┐      成功の可能性   ┌─────────────────┐
│  知能観                      │        高い    ┌──▶│ よい評価を得るため │
│           ╭─遂行目標─╮       │───────────────┤    │ 取り組む         │
│ ┌固定理論┐  よい評価を得るのが │               │    └─────────────────┘
│ │知能は変えられない│ 目標    │───────────────┤    ┌─────────────────┐
│ └────────┘ ╰─────────╯      │        失敗の可能性 │ 努力して失敗したら │
│                              │        高い    └──▶│ 恥ずかしいから    │
│           ╭─学習目標─╮       │                    │ 取り組まない      │
│ ┌増大理論┐  自分の能力を     │                    └─────────────────┘
│ │知能は努力で伸びる│ 高めるのが│──────────────────▶┌─────────────────┐
│ └────────┘ 目標               │                    │ 能力を高めるため │
│            ╰─────────╯        │                    │ 結果はどうあれ   │
│                               │                    │ 取り組む         │
└──────────────────────────────┘                    └─────────────────┘
```

図3-7 知能観と目標

は，知能が高いか低いかを気にするので遂行目標を持つ。増大理論を持つ人は，努力で知能を伸ばそうとするので学習目標を持つことになる（図3-7）。

（2）成功するためか，失敗しないためか

最近では，成功することを目標とするか，失敗しないことを目標とするかという視点から，遂行目標と学習目標をそれぞれ分類することも提案されている（表3-2）[10]。同じ遂行目標でも，クラスで一番になることを目指すのは遂行接近目標，クラスでビリにはならないようにするのが遂行回避目標である。遂行回避目標のほうが，やる気や成績の水準は低くなりがちだろう。

表3-2 達成目標の分類

	有能さの評価基準	
	絶対的	相対的
成功接近	学習接近目標 （わかるようになりたい）	遂行接近目標 （よい成績をとりたい）
失敗回避	学習回避目標 （わからない状態を避けたい）	遂行回避目標 （悪い成績をとりたくない）

（Elliot & McGregor（2001）より作成）

やる気がある子どもと，ない子どもの違いは，どのような経験や考え方をしているかの違いである。教師や親の働きかけ次第で，子どものやる気を高めることは可能である。教師や親は，子どもの自律性を尊重しつつ，適切な目標や課題を設定できるよう気を配ったり，結果をどう受けとめ，次にどう努力していけばいいのか導いていく必要がある。

■引用文献

1) Deci, E. L.：Effects of externally mediated rewards of intrinsic motivation. Journal of Personality and Social Psychology, 18, pp.105-115, 1971
2) Lepper, M. R., Greene, D., & Nisbett, R. E.：Undermining children's intrinsic interest with extrinsic rewards：A test of the overjustification hypothesis. Journal of Personality and Social Psychology, 28, pp.129-137, 1973
3) デシ, E. L., 安藤延男・石田梅男訳：内発的動機づけ―実験社会心理学的アプローチ―, 誠信書房, 1980
4) Ryan, R. M. & Deci, E. L.：Self-determination theory and the facilitation of intrinsic motivation, social development, and well-being. American Psychologist, 55, pp.68-78, 2000
5) Bandura, A.：Self-efficacy：Toward a unifying theory of behavioral change. Psychological Review, 84, pp.191-215, 1977
6) Seligman, M. E. P.：Helplessness：On depression, development, and death. San Francisco：W. H. Freeman, 1975
7) Weiner, B., Frieze, I., Kukla, A., Reed, L., Rest, S., & Rosenbaum, R. M.：Perceiving the causes of success and failure. (E. E. Jones, D. E. Kanouse, H. H. Kelley, R. E. Nisbett, S. Valins, & B. Weiner (Eds.), Attribution：Perceiving the causes of behavior.) New Jersey：General Learning Press, pp.95-120, 1971
8) Dweck, C. S.：The role of expectations and attributions in the alleviation of learned helplessness. Journal of Personality and Social Psychology, 31, pp.674-685, 1975
9) Dweck, C. S.：Motivational processes affecting learning. American Psychologist, 41, pp.1040-1048, 1986
10) Elliot, A. J., & McGregor, H. A.：A 2 × 2 achievement goal framework. Journal of Personality and Social Psychology, 80, pp.501-519, 2001

第Ⅰ部　教育心理学の基礎

第4章
知能と学力

1．知能とは何か

　知能という言葉からあなたは何をイメージするだろうか。知能検査，知能指数などさまざまであろう。ある調査では一般人が持つ知能の考え方に三つの特徴を見いだしている。それは①論理的かつ適切に推論するというような現実的な問題解決能力，②はっきりと歯切れよく話すというような言語能力，そして③他人をあるがままに受け入れるというような社会的な能力であった[1]。
　では，研究者たちは，知能をどのように定義しているのだろうか。たとえば以下のような五つの考えが示されている[2]。
　① 学習する能力または経験によって獲得していく能力
　② 抽象的思考を行う能力
　③ 生活上での比較的新しい場面に，自分自身をうまく適応させていく能力
　④ 知能を包括的に捉える立場では，自分の環境に対し目的的に行動し，合理的に思考し，効果的に処理する個々の能力の集合的または全体的なもの
　⑤ 知能を操作的に捉える立場では，知能検査により測定されたもの
　このように，知能の定義は統一されていない。知能の捉え方は研究者の間でもさまざまに分かれている。

2．知能の構造

　では，知能の内容は研究者達によってどのように仮定されてきたのだろう

か。知能の構造について，主としてテストによる測定結果を基礎とする三つの測定論的知能観を取り上げ，それとは異なる立場に立つ知能観にも触れる。

（1）スピアマンの知能観

スピアマン（Spearman, C. E.）は，同一個人において各種の検査問題に共通にみられる一般因子（general factor；gという記号で表される）の存在を仮定した。彼は，知能の構造を一般因子gと，個々の問題の特殊性に応じた特殊因子（special factor；sという記号で表される）の二つから成るとした。これは，スピアマンの**2因子説**（two-factor theory）と呼ばれている[3]。

（2）サーストンの知能観

スピアマンが一般因子「g」を仮定したのに対し，**サーストン**（Thurstone, L. L.）は多因子からなる知能の構造を提唱した。彼は，多種のテスト結果から一般因子gは見あたらないとし，知能は複数の基本的な能力から構成されていると考えた。それらは基本的精神能力（Primary Mental Abilities；PMA）と呼ばれている。その主たる七つは，空間，知覚，数，言語，語の流暢さ，記憶，推理の能力であった（表4−1）。これらはサーストンの**多因子説**（multiple factors theory）として知られている[2]。

（3）ギルフォードの知能観

多因子説を発展させ構造化したのが**ギルフォード**（Guilford, J. P.）である。彼は120の因子からなる知能構造モデルを提唱した。後にその因子の総数は150へと拡大された。彼のモデルは知的操作，知的操作の対象となる素材や内容，知的活動の所産の三つの軸から構成されている（図4−1）[4]。

（4）ガードナーの知能観

ガードナー（Gardner, H.）は，従来の測定論的な知能の捉え方（たとえば紙と鉛筆による評価）に頼るのではなく，生物科学や論理学そして心理学など

表4−1 基本的精神能力の概要

因　子	記号	概　要
1．空間（spatial）因子	S	図形を正確に捉え，相互に比較する能力
2．知覚（perceptual）因子	P	正確に早く知覚する能力
3．数（numerical）因子	N	簡単な数の演算
4．言語（verbal）因子	V	語の意味の正しい把握や文章理解の能力
5．語の流暢さ（word fluency）因子	W	語発想の流暢さの能力
6．記憶（memory）因子	M	簡単なことを機械的に記憶する能力
7．推理（reasoning）因子	R	種々の事例から一般的規則を発見する能力

（松原（2004）pp.164-165より一部改変し作成）

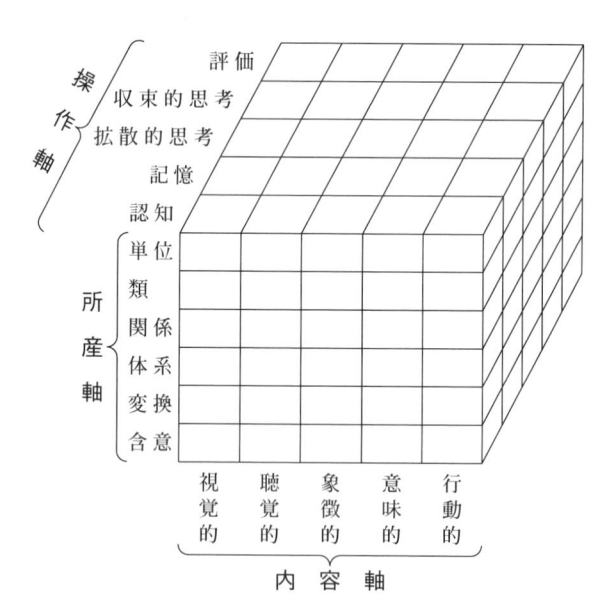

図4−1　ギルフォードの知能構造モデル
（Colman, A.M.（2001）p.165より 一部改変し作成）

学問的背景を持つ基準に適合する証拠を収集することによって多重知能の理論（multiple intelligences theory：MI 理論）を提唱した。彼は，①言語的知能，②論理数学的知能，③音楽的知能，④身体運動的知能，⑤空間的知能，⑥対人的知能（他人とうまくやっていく能力），⑦内省的知能（自分自身を理解する能力）の七つの別個の知能が存在すると主張している[5]。

3．知能測定の歴史

知能検査は，最初どのような意図で作成され，その後どのように用いられるようになったのだろうか。知能検査の歴史的変遷について取り上げる。

（1）知能検査の誕生

1905（明治38）年フランスの**ビネー**（Binet, A.）は，今日の**知能検査**の原型ともいうべき「知能測定尺度」を世に送り出した。ビネーがこの検査を作成した目的は，特別な教育を必要とする児童を見つけ出せるようにすること，すなわち通常学級についていけなくなっている児童を特定するための技術を開発することであった。当時，フランス政府の委員会は，そのような子どもを判断するための検査がどうあるべきか示していなかった。そこで，ビネーは，精神科医シモン（Simon, Th.）とともに，さまざまな年齢に達した子ども達が広く解ける問題を30題選び発表した。それらは，ごく易しい問題から難しいものへと順に配列されていた。1908（明治41）年には，改訂版が発表された。問題数が増し，3歳から13歳までの年齢ごとに配列された。当該年齢の問題を解決できたかどうかで，その子どもが問題に解決できる水準が客観的に判断された。このようにビネーは，知能測定尺度を，特別な教育を必要とする子どもを特定する実際上の指針として「限られた目的のためにのみ考案した」のである[6]。

（2）知能指数の採用

ビネーのテストは，各国で翻訳され急速に広がった。アメリカでは，スタンフォード大学のターマン（Terman, L. M.）が「スタンフォード改訂増補ビネー・シモン知能測定尺度（スタンフォード・ビネー検査）」を作成した。この検査では，何歳相当の知能水準に達しているかを示す**精神年齢**（Mental Age ; MA）を，実際の年齢を示す**生活年齢**（Chronological Age ; CA）で割った数値を100倍した値が知能の指標となるという考え方が採用された。こうして**知能指数**（Intelligence Quotient ; IQ，第4節で詳しく述べる）が算出され，結果がIQで表示されることになった。

（3）集団式検査の登場

第1次世界大戦中のアメリカでは，兵員の配置や選抜に知能検査が用いられた。1917（大正6）年ヤーキズ（Yerkes, R. M.）は，集団で一斉に実施可能な検査の開発のため，ターマンらとともに委員会をつくり研究を行った。こうして2種類の陸軍知能テストが作成された。α（アルファ）式は言語を理解し読むことが前提とされる検査であり，β（ベータ）式は言語に影響されることが少ない検査であった。

（4）個別式検査の展開

1939（昭和14）年，ウェクスラー（Wechsler, D.）は，成人向けの個別式知能検査「ウェクスラー・ベルビュー知能検査」を開発した。彼の知能検査は結果をIQで示していたが，従来の方法で算出されたIQとは異なる数値を採用していた。特に成人のIQを計算する際に，従来の方法（MAをCAで割り，100倍する方法）を用いると問題が生じることがその理由のひとつであった。そこで，**偏差知能指数**（Deviation IQ : DIQ，第4節で詳しく述べる）の考え方が採用され，現在に至っている。その後彼は，成人知能検査の改訂版**WAIS**（Wechsler Adult Intelligence Scale）とともに，児童向けの**WISC**（Wechsler Intelligence Scale for Children），幼児向けの**WPPSI**（Wechsler

Preschool and Primary Scale of Intelligence）という知能検査も作成した。

4．知能の測定と評価

　現在では，さまざまな種類の知能検査が作成されている。それらはどのように分類できるのだろうか。ここでは被検者の数と測定材料の特徴から分類し，日本で用いられる代表的な二つの知能検査を概観する。

（1）知能検査の種類
1）被検者の数による分類
①**個別式知能検査（individual intelligence test）**　検査者と被検者が1対1で面談をしながら，検査を行う。個人の知能を精密に検査する時に適しているが，時間がかかることや検査者の熟練を要することが留意点である。
②**集団式知能検査（group intelligence test）**　多くの被検者を対象に一斉に検査を行う。個別式に比べ検査時間が短いが，個々の被検者の実態に合わず精密な知能を診断できない面もある[7]。

2）測定材料による分類
①**言語性検査（verbal or linguistic test）**　A式検査ともいわれる。Aとは，陸軍知能検査の α 式に由来する。測定材料には，文字または言葉を用いる。
②**非言語性検査（nonverbal or nonlinguistic test）**　B式検査ともいわれる。陸軍知能検査 β 式に由来する。測定材料に図形や記号を用いる。
③**混合式検査（compound test）**　A式及びB式両者を包括すべく考え出された方法である。C式検査などともいわれる[7]。

（2）日本で用いられている個別式知能検査の構成と特徴
　日本で用いられている個別式知能検査の代表例として，「日本版 WISC—Ⅲ 知能検査法」と「田中ビネー知能検査Ⅴ」の二つが挙げられる。

1）日本版 WISC—Ⅲ知能検査法

1998（平成10）年に改訂第3版が刊行された。5歳から16歳11か月までの子どもに用いるための児童用として開発された。13の下位検査から構成されており、表4－2に下位検査の問題概要を例示した。ただし、実際の検査問題とは異なる類似した問題例であることに注意してほしい。このうち、知識、類似、算数、単語、理解、数唱の6種類は言語性検査であり、絵画完成、符号、絵画配列、積木模様、組合せ、記号探し、迷路の7種類は動作性検査である[8]。実施時間は約60分であり、実施・採点マニュアル[9]に従って下位検査を順に行う。

下位検査の成績から3種類の偏差知能指数（言語性 DIQ、動作性 DIQ、全検査 DIQ）が得られる。さらに、4種類の群指数（言語理解、知覚統合、注意記憶、処理速度）の結果を得ることもできる。これら群指数間の差を調べることで、四つの能力の高低に関して個人内の診断ができるようになっている。また、群指数のプロフィールを視覚的に示すことで、子どもの傾向の特徴を把握するのに役立てることができる。

2）田中ビネー知能検査Ⅴ

2003（平成15）年に改訂第5版が刊行された。2歳から成人までを対象としている。1歳級から成人級までの問題（計113問）が易しいものから難しいものへと順に配列されている。問題は、語彙や積木つみ、数概念、三角形模写など多岐にわたる内容から構成されている。実施時間は約60～90分であり、実施マニュアル[10]に従い検査を順に行う。14歳以上の被検者については、偏差知能指数（DIQ）による結果の表示を基本としている。2歳から13歳11か月までの子どもでは、従来の知能指数（IQ）で示される。ただし、偏差知能指数（DIQ）も算出可能である。

この二つの知能検査以外に、個別式知能検査としては「K―ABC 心理・教育アセスメントバッテリー」や「ITPA 言語学習能力診断検査」などがある。

表4−2　日本版 WISC−Ⅲの下位検査構成

下位検査	問題概要の説明
1. 絵画完成	絵を提示し，絵の中に不足している部位について答えてもらう。例えば，飛行機の絵の中に，つばさが描かれていないことを指摘するような形式。
2. 知識	学校で習うような一般的な知識を答えてもらう。例えば「徳川家康はどんなことをした人ですか」「1センチの長さは何ミリメートルですか」というような形式。
3. 符号	初めに，図形（または数字）がいろいろな記号とペアになって示される。次に，図形（または数字）だけを提示し，ペアであった記号は何かを答えてもらう。
4. 類似	2つの語に共通している点を答えてもらう。例えば，「キャベツとホウレンソウには，どんな似ている点がありますか」というような形式。
5. 絵画配列	絵の描かれた数枚のカードを提示し，物語としてつながるように絵カードを並べかえてもらう。
6. 算数	算数の問題。例えば，「あかねさんは，シールを6枚持っています。そのうち3枚は，封筒にはって使いました。まだ使っていないシールは何枚残っていますか」というような形式。
7. 積木模様	例えば，2面が青色，2面が黄色，2面が青色／黄色のような立方体の積み木を用いる。それらを使い，提示された見本と同じ模様をつくってもらう。
8. 単語	単語の意味について，言葉を用いて説明してもらう。例えば，「イネとは何でしょうか。その意味を答えて下さい。」というような形式。
9. 組合せ	初めに，事物が描かれた絵が，数ピースにバラバラにして示される。次に，それらのピースを組み合わせて，正しい絵にしてもらう。
10. 理解	日常生活における問題の解決方法や，社会規範についての質問に答えてもらう。例えば，「信号が赤の時には横断歩道をわたってはいけないのはなぜですか」というような形式。
11. 記号探し	左側の1つまたは2つの見本を見て，右側の選択肢と同じ記号が含まれているかを判断してもらう。
12. 数唱	一定の速さで数字が数個読み上げられる。次に，今聞いたのと同じ数を同じ順番で答えてもらう。
13. 迷路	提示された迷路を鉛筆でたどりながら，壁を突き破ったりしないでゴールまですすんでもらう。

＊表中の説明に使用されている例は，検査で用いられる問題とはすべて異なる。
（日本版 WISC—Ⅲ刊行委員会編（1998）『日本版 WISC—Ⅲ知能検査法（1 理論編）』p.13を参考に説明を大幅に改変）

（3）知能検査の表示方法

1）精神年齢（Mental Age；MA）

　知能の水準を年齢で示したものである[11]。子どもの知能発達に応じた年齢別の問題が用意されている場合，解答できた問題に相応する年齢が，知能発達の程度を示す**精神年齢（MA）**にあたる。したがって，ある子どもについて仮に精神年齢（MA）が5歳という検査結果が得られたなら，それは5歳の子ども達の平均的な知能発達と同じ水準であると推定されることを表している。しかし，精神年齢（MA）が5歳という検査結果が得られても，たとえば，実際の生活年齢（CA）が4歳0か月の子どもと6歳0か月の子どもの場合，精神年齢（MA）が同じであっても知能発達の解釈は異なる。そこで，次に述べるような知能指数の考えがとられるのである。

2）知能指数（Intelligence Quotient；IQ）

　知能指数とは，精神年齢（MA）を，暦年齢にあたる生活年齢（CA）と比較して，知能の程度を評価したものである。算出には，次の式を用いる。

$$知能指数（IQ）=\frac{精神年齢（MA）}{生活年齢（CA）}\times 100$$

　この式から得られた数値を小数点第1位で四捨五入し，整数で表示したものが知能指数（IQ）である[11]。たとえば，生活年齢（CA）が6歳6か月（78か月），精神年齢（MA）が7歳4か月（88か月）の子どもの知能指数（IQ）は113となる。

3）偏差知能指数（Deviation Intelligence Quotient；DIQ）

　知能を指数で表すときに同年齢集団内で相対的にどの位置にあるかを示したものである。平均を100としてその隔たりを示している。算出には次の式を用いるが，詳しい考え方は第7章に示した。

$$偏差知能指数（DIQ）=\frac{個人の得点-同じ年齢集団の平均}{1/15\times 同じ年齢集団の標準偏差（SD）}+100$$

　なお，「田中ビネー知能検査V」のDIQは上記の式とは少し異なる式で算出される[11]。

このように，知能を指数で示す方法には知能指数（IQ）と偏差知能指数（DIQ）の2種類があり，算出の仕方も異なる。現在は，WISC—Ⅲなどにも偏差知能指数（DIQ）が採用されるようになっている。

なお，偏差知能指数（DIQ）と混同しやすい語句に知能偏差値（Intelligence Standard Score；ISS）がある。知能偏差値（ISS）は平均を50とし，その隔たりを示している点が偏差知能指数（DIQ）と異なる。算出には次の式を用いるが，詳しい考え方は第7章に示した。

$$知能偏差値（ISS）= \frac{個人の得点 - 同じ年齢集団の平均}{1/10 \times 同じ年齢集団の標準偏差（SD）} + 50$$

5．知能と学力の関連

ここでは，まず学力の捉え方に二つの立場があることに触れる。次に教育心理学においては知能とのかかわりで学力をどのように捉えてきたかを概観する。

（1）学力とは何か

学力の問題は，教育心理学のみならず，教育学においてもかかわりが深い。学力の捉え方は「教育学の立場」と「教育心理学の立場」の2種に大別できる。

教育学の立場では，学力を歴史的社会的観点から捉える。時代の制約を受けながら歴史的，社会的に変化するものが学力である。たとえば，「生きる力」など学習指導要領に端的に表れる学力の変遷のように，その意味内容は社会情勢によって大きく左右される[12]。一方，教育心理学の立場からは，社会的に承認された教育目標を前提としながら，学力をその学習活動の成果として捉える。学力は，「後天的に獲得された能力であり，一定の社会的承認を受けた教育課程に基づいて営まれた学習活動，価値獲得行動の成果」とされる[13]。

このような立場の違いを包括的に整理すると，広義の学力は「認識能力，表

現能力，社会的能力等，多面的な人間的能力」であり，狭義の学力は「学校という場における教授・学習活動によって形成される能力」といえる[14]。

（2）知能と学力のかかわりをどう捉えるか

では，教育心理学において，(狭義の) 学力と知能のかかわりは，どのような観点から捉えられてきたのだろうか。研究者たちが学力の問題に関心をもって取り組んできた領域のひとつに，「学業不振児研究」がある。

勉強ができない子どもを「その子の知的水準に比較して学力水準が低い」という観点から捉える場合がある。この場合の知的水準とは，知能検査の結果から求められ，たとえば知能偏差値（ISS）などが代表として用いられる。こうして知能検査結果を基にして，そこから推定される学業成績よりも成績が低い者は「**アンダーアチーバー（underachiever）**」と呼ばれ，**学業不振児**とみなされることがあった。さらにその程度は，知能検査と標準学力検査の結果に基づいて，その偏差値を指標とした「**成就値（Achievement Score；AS）**」や「**成就指数（Achievement Quotient；AQ）**」で推測された。実際の「成就値」や「成就指数」の算出には，次のような式が用いられた。

成就値（AS）＝学力偏差値－知能偏差値

成就指数（AQ）＝ $\dfrac{学力偏差値}{知能偏差値} \times 100$

しかし，このような意味において子どもをアンダーアチーバーと捉えることについては，知能に相当した教育効果をあげさえすればよいという教育観の表れだという指摘もある[15]。では，学業不振は別の視点からどのように捉えられるのだろうか。学業不振を「学習活動」の質と量によって生じるものと捉える試みがある[16]。「学習活動」には①個人的要因（知能を含む能力や性格など）のみならず，②外的直接要因（教師や学習内容など）や，③外的間接要因（対人関係，学校への適応など）の三つの要因が相互に関連し合って影響を及ぼしているというモデルが示されている（図4－2）。こうした立場をふまえると，知能とのかかわりに絞って子どもの学力を捉える時とはまた異なる視点が

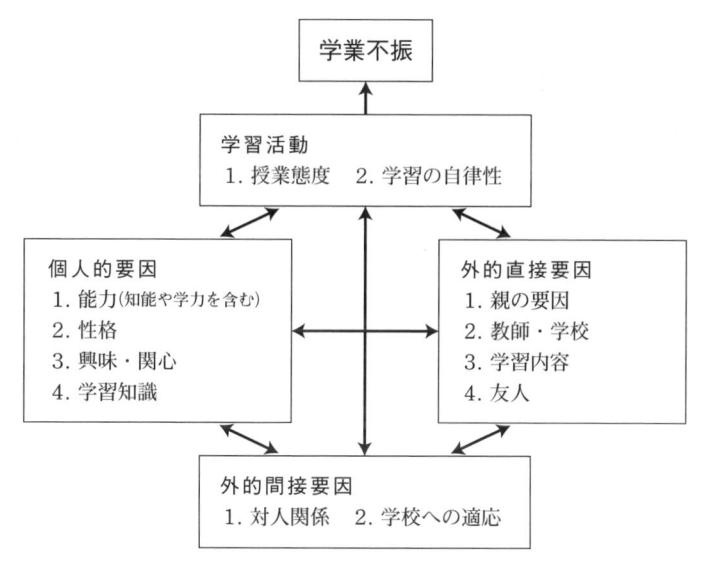

```
                    ┌──────────┐
                    │ 学業不振 │
                    └────▲─────┘
                         │
                ┌────────┴─────────┐
                │ 学習活動         │
                │ 1. 授業態度  2. 学習の自律性 │
                └──────────────────┘
                         ▲
    ┌────────────────┐   │   ┌────────────────┐
    │ 個人的要因     │◄──┼──►│ 外的直接要因   │
    │ 1. 能力(知能や学力を含む) │   │ 1. 親の要因    │
    │ 2. 性格        │       │ 2. 教師・学校  │
    │ 3. 興味・関心  │       │ 3. 学習内容    │
    │ 4. 学習知識    │       │ 4. 友人        │
    └────────────────┘       └────────────────┘
                         ▲
                ┌────────┴─────────┐
                │ 外的間接要因     │
                │ 1. 対人関係  2. 学校への適応 │
                └──────────────────┘
```

図4-2　学業不振の成立モデル
(出典：三浦（1996）p.40 より 一部改変し作成)

生まれやすい。たとえば，「教師による働きかけ（例：どのような発問系列にするか）」や「教師―子ども間，子ども―子ども間の相互作用（例：相互的コミュニケーションを授業に取り入れるか）」の諸条件をどう変化させるかのように，教師の責任で選択・決定できる事柄とのかかわりからも学力形成を捉えることが可能となる。

6．知能検査の利用と留意点

ビネーが世に知能検査を送り出してから，100年以上が経過した。知能検査は，教育場面や臨床場面においてその実用的価値を示してきた。特に近年は，学習障害（LD）や注意欠陥多動性障害（ADHD）など発達障害（詳しくは第11章で述べる）の子どもに対する的確な診断ニーズの高まりを受け，実践的側面から知能検査を用いた研究が行われている[17]。

その一方で，社会的，人間的，理想的な立場からの批判もある。たとえば①

知能を固定された素質的なものと見てしまうこと，②社会環境や文化的差異の観点から見て公平なテストをつくるのが難しいこと，③選別の道具として乱用される危険性などである[18]。

　知能とは何か，IQ を決める要因とは何かなど，知能をめぐる議論は，今なお専門家の間で続いている[19]。近年，知能検査の結果に関しては，広く「フリン効果」が報告されている。この「フリン効果」とは，世界の先進各国14か国（日本のデータも含まれる）の IQ 値が，わずか1世代の期間で5〜25点も上昇している現象を指す。このような知能検査結果の急速な上昇は，遺伝的な変化では説明ができない。何らかの社会的要因の影響が得点の上昇を引き起こしていると考えられている[20]。

　知能検査で子どもの知能指数などが算出された途端に，その数値だけが子どもを代表する値として一人歩きしてしまうことのないよう，検査結果の利用には慎重さが求められる。たとえば，行動観察など他の情報とも組み合わせながら，子どもの全体的側面を捉えようとする態度が必要となろう。

■引用文献

1) Sternberg, R. J., Conway, B. E., Ketron, J. L., & Bernstein, M : People's Conceptions of Intelligence. Journal of Personality and Social Psychology, 41 (1), pp.37-55, 1981

2) 松原達哉：「知能の考え方の多様性と見方」（イアン・ディアリ（著）繁桝算男（訳）：1冊でわかる知能），pp.161-173, 岩波書店，2004

3) 外林大作・辻正三・島津一夫・能見善博編：「知能の因子説」（誠信心理学辞典），pp.308-309, 誠信書房，1981

4) Colman, A. M. 著，藤永保・仲真紀子（監修）：「ギルフォードの立方体」（心理学辞典），p.165, 丸善，2004

5) Gardner, H. 著，松村暢隆（訳）：MI：個性を生かす多重知能の理論，pp.9-64, 新曜社，2001

6) Gould, S. J. 著，鈴木善次・森脇靖子（共訳）：増補改訂版 人間の測りまちがい──差別の科学史，pp.212-330, 河出書房新社，1998

7）松原達哉：「心理テストについて」：（松原達哉編：心理テスト法入門第4版—基礎知識と技法習得のために—），pp.1-17，日本文化科学社，2002
8）Wechsler, D. 著，日本版WISC—Ⅲ刊行委員会編：「日本版WISC—Ⅲ知能検査法（1 理論編）」，pp.12-26，日本文化科学社，1998
9）Wechsler, D. 著，日本版WISC—Ⅲ刊行委員会編，「日本版WISC—Ⅲ知能検査法（2 実施・採点編）」，pp.31-151，日本文化科学社，1998
10）財団法人田中教育研究所編，田中ビネー知能検査Ⅴ 実施マニュアル，pp.43-337，田研出版，2003
11）財団法人田中教育研究所編，田中ビネー知能検査Ⅴ 採点マニュアル，pp.5-67，田研出版，2003
12）古川聡・福田由紀：子どもと親と教師をそだてる教育心理学入門，pp.87-109，丸善，2006
13）吉田辰雄：最新教育心理学，pp.81-124，文化書房博文社，2004
14）大川一郎：「第7章知的能力を考える」（桜井茂男：たのしく学べる最新教育心理学—教職にかかわるすべての人に—），pp.119-136，図書文化社，2004
15）永野重史：「13知能と創造性」（永野重史編：放送大学教材 教育心理学），pp.149-160，放送大学教育振興会，1997
16）三浦香苗：勉強ができない子—学習不振児の調査と実践—，pp.1-69，岩波書店，1996
17）竹内謙彰：「第11章知能検査」（日本児童研究所編：児童心理学の進歩—2004年版—），pp.247-270，金子書房，2004
18）東 洋：「第3章 知能テスト論」（伊藤隆二・苧阪良二・東 洋・岡本夏木・板倉聖宣・麻生誠：講座現代の心理学 4知能と創造性），pp.135-212，小学館，1981
19）T．ベアズレー：「IQを決める要因，IQが決める人生」（サイエンティフィック・アメリカン編集部編：別冊日経サイエンス128 Scientific American 日本版 知能のミステリー），pp.25-27，1999
20）村上宣寛：IQってホントは何なんだ？—知能をめぐる神話と真実—，pp.175-194，日経ＢＰ社，2007

第Ⅱ部　授業の構築と学級経営における教育心理学

第5章
教授―学習過程

　皆さんがこれまで受けてきた授業を振り返ると，さまざまな形態の授業があったのではないだろうか。本章では，授業の中核をなす教授―学習過程についてみていきたい。教授―学習過程とは，その名の通り，教師が教え，子どもが学ぶという過程のことである。

1．教授―学習過程のモデル

　教授―学習過程においては，子どもが教育内容を理解できるように，あるいは意欲を持つように，教師は子どもにさまざまな働きかけを行う。説明したり，発問したり，ほめたり，意見を求めたりという行動である。教師はこれらの行動を何のために行うのか，どのような理論に基づいて行うのかを自覚的に考える必要がある。ここでは，学習理論，認知理論，社会的構成主義理論の三つの見方から，教授―学習過程のモデルを整理してみていこう。

（1）子どもの行動を変容させる授業：学習理論から

　我々は，ある行動を起こした際，ほめられたり，ごほうびをもらったりすると，その行動を引き続いて起こすようになる。逆に罰が与えられるとその行動をしなくなる。このような**学習理論**（オペラント条件づけ）は，普段教室でよく用いられる。教師が子どもをほめたり，注意したりという行動がそれにあたる。

　この学習理論を教科学習に応用したものに，**スキナー**（Skinner, B. F.）に

よる「プログラム学習」がある。プログラム学習は，①**スモールステップ**（各段階が小さなステップから成っている），②**即時フィードバック**（学習者の反応はすぐにフィードバックされる），③**積極的反応**（学習者の自主的・積極的な反応が求められる），④**自己ペース**（学習者は自己のペースで学習できる）の各原理によってなされる[1]。

（2）子どもの「頭の中」を考えた授業：認知理論から

　知識を習得する場合，その知識を意味のある文脈に位置づけることによって，より効率よく習得することができる。このような学習を**有意味受容学習**という。たとえば歴史上のある事件を扱う場合，その事件に関する知識だけを示すのではなく，時代背景を押さえてから，その事件を説明した方がよりその事件について習得できる。

　オーズベル（Ausubel, D. P.）は，有意味受容学習において，あらかじめ学習者に提示する予備的知識を「**先行オーガナイザー（advance organizers）**」と呼んだ。教育内容が唐突に子どもに示されるのではなくて，教育内容を位置づけることができるように，留意しなければならない。

　子どもの認知過程に留意することによって，学習への意欲も高めることができる。我々が何かを学びたい，知りたいと思うのはどんなときだろうか。その一つは，**認知的葛藤**が生じているときである。たとえば図5-1に示したように糸をつけたクリップを磁石に近づけるとどうなるのかというような物理的な現象を予測する場合，これまでの経験や知識，さらには話し合いから，ああなるのかもしれない，いや，こうなるのかもしれない，と頭の中で葛藤が起こり，どうなるのか知りたいという学習意欲が高まる。このような認知的葛藤を用いた授業として**仮説実験授業**があげられる。

　仮説実験授業は，「科学的認識は対象について予想や仮説をたてて，その真否を目的意識的に問いかける実験（や観察）を行うことによってはじめて成立する」[2]という理念に基づく授業法である。仮説実験授業では「一種の授業案・教科書・ノート兼用の印刷物」である「**授業書**」（図5-1）が用いられる。

[問題１]
　こんどは，前につかったクリップや針に糸をつけます。
　図のようにしたら，クリップや針をちゅうぶらりんにすることができるでしょうか。予想をたててください。
　予　想　　ア．ちゅうぶらりんにすることはできないだろう。
　　　　　　イ．すこしの間だけちゅうぶらりんにできるだろう。
　　　　　　ウ．ずっとちゅうぶらりんにできるだろう。
　討　論
　みんなの考えをだしあってから実験しましょう。
　実　験
　はじめに針を磁石にくっつけておいて，下から糸を少しずつ引き，磁石と針の間のきょりを適当な大きさにしてみよう。
　実験の結果　［　　　　　　　　　　　］
　あなたの予想はあたりましたか。

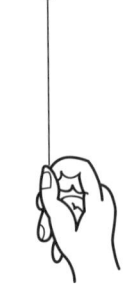

図5－1　仮説実験授業で使用される「授業書」の例
(板倉（1974）から引用)

（3）他者と学び合うような授業：社会的構成主義理論から

　学びは，一人でなされるのではない。教育内容は文化的・歴史的なものであり，多数の人間が教え学びながら伝えてきたものである。学びが他者との相互行為によってなされる側面を重視した理論が，第1章でも述べた**発達の最近接領域**（最近接発達領域とも呼ばれる）や**正統的周辺参加**の各理論である。これらは，他者との相互行為によって，現実が構成されると考える社会的構成主義

の考え方にあるといえる。

1）発達の最近接領域（最近接発達領域）

第1章でも述べたように，子ども一人ではできないが，他者に助けられるとできるという「領域」がある。たとえば，足し算の筆算で，繰り上がりがないものは一人で解けるが，繰り上がりがあるものは一人で解けない子どもを考えてみる。そのような子どもでも，たとえば兄に助けられたら，繰り上がりがある筆算もできる，というような場合がある。この場合，「繰り上がりがある筆算」はこの子どもがまさにこれから一人で解くことができるようになりつつある，最先端の部分であるといえる。**ヴィゴツキー**（Vygotsky, L. S.）はこのような部分を「**発達の最近接領域（最近接発達領域）**」（zone of proximal development）と呼んだ[3]。「最近接発達領域」を刺激することで子どもは知的に発達するのである。

2）正統的周辺参加

学校では，一般的に，教師がカリキュラムに沿って，子どもに効率よく教育内容を系統的に教授していく。しかし，このようなスタイルではない学びも存在する。

徒弟制はこれとは異なった学びである。たとえば新人の落語家が師匠の後ろ姿を見て学んでいく学びを考えてみよう。師匠は弟子に系統的に落語について教えることはあまりない。「目指す落語家像」に向かって，周辺部の下働きをしながら，実践的に学んでいくのである。このような学びを「**正統的周辺参加**」と呼ぶ。このような学びと学校の学びを比較することによって，学校の学びの特殊性が浮き彫りになる。

2．授業の計画と実施

（1）授業を計画する

授業は教育目標にのっとって行われる。ブルーム（Bloom, B. S.）による**教育目標の分類体系（タキソノミー）**では，「認知的領域」「情意的領域」「精神

表5-1 教育目標のタキソノミーの全体的構成

6.0	評　　　　　価		
5.0	総　　　　　合	個　性　化	自　然　化
4.0	分　　　　　析	組　織　化	分　節　化
3.0	応　　　　　用	価　値　づ　け	精　密　化
2.0	理　　　　　解	反　　応	巧　妙　化
1.0	知　　　　　識	受　け　入　れ	模　　倣
	認　知　的　領　域	情　意　的　領　域	精神運動的領域

(梶田（1983）から引用)

運動的領域」の3領域が設定されている。認知的領域は，知的な操作に関する領域であり，その内容は，知識・理解・応用・分析・総合・評価の六つのレベルから構成されている。情意的領域は，関心や態度といった情意に関する領域であり，受け入れ・反応・価値づけ・組織化・個性化の五つのレベルで構成されている。精神運動的領域は，運動技能にかかわる領域であるが，これについてはブルーム自身は詳細な内容構成は示していない。我が国でもブルームの弟子である**ダーベ**（Dave, R. H.）の精神運動的領域に関する発表をもとに，代表的目標の分類例が作成されている（表5-1）[4]。

　授業を実施する際には，学習指導案を作成する。図5-2は，小学6年生の社会科の指導案の一例である[5]。「ねらい」に基づいて，「予想される学習活動・内容」と「指導上の留意点」が時系列で書かれている。

　授業は通常，**導入，展開，終結**（まとめ）の各部分からなる。導入においては，前述した先行オーガナイザーを考慮して後に続く授業の理解を容易にしたり，後に続く教育内容に興味を引きつける工夫をしたりする。図5-2の例では，授業の最初にイラストを提示し，「はてな？」を探す時間を設定することによって，子どもの興味を引きつけ，後の授業展開を方向付けている。また，授業展開においてはヤマ場（クライマックス）が存在する。

第6学年　社会科学習指導案（略案）

指導者　有田和正

| 研究主題 | 政治の学習内容に子どもが「はてな？」をもって，それを追求するようにするには，どんな資料を用いて，どのような指導をすればよいのだろうか。 |

1. 単　元　わたしたちのくらしと政治のはたらき
2. 本時の指導
   (1) ねらい　選挙の投票所の様子（資料）を見て，いろいろな「はてな？」を見つけることができるようにし，その「はてな？」を調べるように指導する。
   (2) 準　備　選挙の投票所のようすを描いたイラスト
   (3) 展　開

予想される学習活動・内容	指導上の留意点
1. ┌ イラストを提示して ──────┐ 　　│　この絵は，何をしているところでしょう。│ 　　└──────────────┘ ・選挙の投票をしている。	・わからない子はいないと思うが，どうだろうか。意外にわからないかもしれない。何しろ，体験がまったくないことなので。
2. ┌このイラストを見て，「はてな？」と思うことを，3つ以上見つけノートに書きなさい。┐ 　└──────────────────────────┘	・3つならどの子も「はてな？」を見つけられるイラストである。どんな「はてな？」を発見できるか。
3. ┌見つけた「はてな？」を発表し，考え合いましょう。┐ 　└─────────────────┘ ・受付はどんなことをするのか？ ・背中の人（立会人）は何をしているのか？ ・投票箱は，どのようになっているのか？ ・何の選挙か？	・多様な「はてな？」を見つけるように，ヒントを出したりする。 ・「見えるもの」に「はてな？」を見つけさせ，それから「見えないもの」の「はてな？」を発見させたい。しかし，いきなり「何時頃か？」などの「はてな？」が，出るかもしれない。
〈見えないものを見えるようにする発問の例〉	
4. ・投票している人は，何歳以上の人でしょう？→投票日に20歳になる人は，投票できるでしょうか。 ・投票は，朝何時に始まり，何時に終わるでしょう？ ・その時の時刻は，どの時計でしょう？ ・受付などの仕事を，未成年の中学生や高校生ができるでしょうか？ ・投票に一番のりした人は，投票箱の中を見せてくれる。ウソかホントか？ 　　　↓ ・午後6時に，体の一部が会場に入った。この人は投票できるでしょうか？	
5. ┌選挙で，国会議員や県会議員，知事や市町村長などを決めるのはなぜでしょう？┐ 　└──────────────────────────────┘ ・国民の考えを政治に反映するため ・国民の願いを実現するのが政治だから	・選挙の大切さに気づかせたい。

図5－2　小学6年生の社会科の学習指導案の一例　（有田（1997）から引用）

（2）授業を実施する
1）授業の形態
　大きく分けて，一斉授業，個別指導，グループ学習がある。
①　一斉授業
　一斉授業は，通常1名の教師が教室の前に立ち，多数の子どもを教えるという授業の形態である。教室にいる子ども全員に均等に多くの知識を与えるという点で合理的な方法であるが，その一方で，個々の子どもの把握がしにくく，全体に行き届いた指導を行うことが困難である。
②　個別指導
　一斉授業とは異なり，一対一で指導を行う形態が個別指導である。学校では，一斉指導の合間や，他の子どもが作業している間に，**机間巡視（机間指導）**により個別指導を行うことがあるが，クラスの人数が多い場合は実施が困難である。

　前述のプログラム学習は，個人のペースに応じた学習を目指しているが，近年の情報技術の発達によって，コンピュータ上で個人のペースに応じた学習ができる，いわゆる**オンデマンド式のe－Learning**が開発されている。
③　グループ学習（小集団学習）
　グループ学習では，子どもが数人の小集団に分かれて学習を行う。グループ学習では，子ども同士が協調して学習していくことができる。教師は，各グループで何が話され，どのような活動を行っているのかを把握する必要がある。

　グループ学習のうち有名なものには，**バズ学習**がある。バズとはハチがぶんぶんと音を立てて飛んでいる状態を表した言葉で，その名の通り，がやがやと子どもたちが討論する様子を示している。6名程度からなる班に分かれて討論した後，全体で討論を行う[6]。

2）体験学習
　教室で，教科書や周到に準備された教材によって教授がなされたとしても，子どもにとっては教育内容を把握しづらかったり，教育内容に興味を持ちにくかったりすることがある。たとえば，教科書で田植えのことを学ぶ場合，農家

の仕事の大変さに想像が及ばなかったり，まわりに田がない地域では興味を持てない子どもがいたりするかもしれない。しかし，実際に田植えを体験することによって，五感を使って田植えの様子を知ることができ，田植え時の留意点や農家の苦労，喜びを知ることができる。このように，教室で教材によって教育内容を教えられてなされる学習ではなく，実際に体験することによってなされる学習を**体験学習**という。

3）授業技術

　どのような形態の授業を行うのであれ，授業を実施するにあたっては，教師は授業技術を身につける必要がある。一斉授業では，声の大きさや速さ，板書の字の大きさ，目線，子どもの平等な指名といった基本的なものから，発問の仕方，子どもへの**揺さぶり**（わざと正解と反対のことを言うなど），授業のヤマ場に向けた展開，適切なエピソードの選択，重要な点を強調する話し方，板書の構造化（チョークの色を変えたり，矢印や記号を用いたりして全体を分かりやすいものにする），机間巡視（机間指導）のタイミング，KR（Knowledge of Results：子どもが出した結果に関する知識）の与え方，ノート指導といったより高度な技術を習得することが求められる。

　また，個々の単元における固有の技術も習得する必要がある。これまで優れた授業技術が蓄積されてきており，特に新任の教師は，それらから学ぶ必要がある。

（3）授業内容

　教室では，通常，「**教育内容**」を「**教材**」を用いて教える。「教育内容」とは，概念，法則，事実的知識，技能などのことを指す。「教材」とは，教育内容を習得させるために必要な材料であり，具体的には文章，発問・問題，教具，学習活動といったものである[7]。

　教育内容に興味を持たせるためには，**知的好奇心**を高める教材を用意する必要がある。常識からの適度なズレがある教材を提示することによって，子どもは興味を喚起される。たとえば，子どもたちに，一般的なサルのイメージに合

致する．今まで知らなかったサルを提示するより，小鳥のような鳴き声を出すサル，シッポのないゴリラ，フクロウのような顔をしたメガネザルなど，常識から外れたサルを提示した方が，子どもはより自分から進んで図鑑などで調べるようになったという[8]。

3．授業の評価・分析

（1）授業を評価する

　授業を実施する際には，適切な箇所で，その評価をしなくてはならない．学期末などの一連の授業が終了した後の評価だけではなく，学期途中などの授業進行中においても，授業が適切に進行されているかどうかを絶えずチェックする必要がある．

　ブルームは，評価を，実施時期より，**診断的評価・形成的評価・総括的評価**の三つに分類している．たとえばある授業を1学期間実施する前に，学習者の水準を診断的評価によって把握し，それに応じた授業を構想する．構想したやり方で授業をやりっぱなしにするのではなく，学期の途中で教育方法が適切かどうかを，学習者への小テストなどで検討する．これを形成的評価という．形成的評価によって教育方法が適切ではないと判断した場合，教育方法を変更する．一連の授業の正否は，最終的には総括的評価によって判断される．詳しくは第6章で述べる．

（2）授業を分析する

　授業を実施する力を形成するためには，自己や他者の授業を分析する必要がある．**フランダース**（Flanders, N. A.）は，教師と子どもの相互作用を分析する枠組みを提出している．表5-2[9]に示したように，教師の発言について7個，生徒の対応について2個，その他に沈黙というカテゴリーが用意されている．これらのカテゴリーによって授業過程を分節化し，時系列的に分析することによって，授業の傾向が明らかになる．たとえば，「(6)教師の指示」の

後に「(8)生徒の発言＝応答」があったとしたら，図5-3によると「生徒の発言を促進する教師の対応」が行われたことになる。

授業研究会等における質的な授業分析の資料としては，T—C型授業記録がある。これは，教師の発言と子どもの発言を書き出した記録であり，教師や子どもの行動を記述することもあるが，よく用いられる。授業が教師と子どものやりとりで進行していくことが多いからである。体験学習の授業などT—C型授業記録に向かない授業もある。

また，授業分析の方法としては，**エスノメソドロジー**がある。エスノメソドロジーは元来は社会学の方法であり，ミクロな場面の詳細な相互行為の分析を

表5-2 フランダースの相互作用分析カテゴリー

教師の発言	対応	(1)	感情の受容
		(2)	賞賛と励まし
		(3)	生徒の考えの受容と活用
		(4)	発問
	主導	(5)	講述
		(6)	指示
		(7)	批評と権威の正当化
生徒の発言	対応	(8)	生徒の発言＝応答
	主導	(9)	生徒の発言＝主導
沈黙		(10)	沈黙と混乱

（佐藤（1997）から引用）

図5-3 フランダースのカテゴリー分析によるマトリックス（佐藤（1997）から引用）

> **横を向いて保育者の話を聞くK**
> 状況：Kはひるね後の目覚めが悪く，席につくのが遅れる。そのため他の子どもたちは全員おやつを食べ終わってしまい，Kは一人きりでテラスでおやつを食べている。他の子どもたちは園庭で遊んでいる。
> （F保育者がKの正面に座って言う）
> F保育者「Kくん，食べれるこれ？　ねえ」
> K　　　「……」
> F保育者「ねえ，大丈夫なの？」
> K　　　「……」（Kは小さくうなずくが，保育者の顔を見ず横を向く）
> F保育者「もうちょっと，もうちょっと頑張って食べてくれる？」
> K　　　「……」（横を向いたままである）
> F保育者「もう給食の先生，食器洗いたいって言っているから」
> K　　　「……」（再びうなずくが横を向いたままである）
> F保育者「口もぐもぐ動かして，頑張って食べて，ね」
> K　　　「……」（Kは下を向いたまま軽くうなずくが横を向く）
> 　F保育者があきらめてそこを立ち去ると，F保育者が去った方向を見，あごをあげて遠くを見るようにした後，両手でテーブルの上をばたばたとたたき，テーブルの下で足をばたばたさせる（F保育者が離れてから約30秒後にこの行動が始まる）。
>
> 　　　　　　　　　　　　　　　　　　　（刑部・小野寺（2002）から引用）

行い，日常に潜む法則を抽出するというものである。上記は，保育者と集団にあまりなじめない子ども「K」の相互行為をエスノメソドロジーの手法によって記述した事例である[10]。

　書き記された記録のみでは，詳細が分からないことや主観が大きく入ることがあったり，さらには臨場感が伝わらないことから，授業改善を目的とした授業研究会ではビデオ映像を用いた授業分析も行われる。ビデオ映像を用いた授業実践改善のための方法として，**ストップモーション法**や**再生刺激法**がある。いずれも初等中等教育を対象として開発された授業研究・検討の方法である。

　ストップモーション法は，授業を録画したビデオ映像の画面を一時停止させ，解説者が授業の背景説明をしたり，教授者の発問や指示の意味を解説した

り，教材の特質や授業の組み立てを分析したりする方法である[11]。

再生刺激法は「授業をビデオで録画しておいて，授業終了後，学習者（子ども）あるいは教授者（教師）が授業ビデオを手がかり（刺激）として，各授業場面での自らの内面過程（認知・情意）を思い出す（記憶再生する）方法」である[12]。特に子どもの内面過程を把握する方法として注目されている。

授業改善のためだけではなく，隠された法則を導き出す手段としても授業分析は有効である。それによって，たとえば教師が無意識的に，男子生徒と女子生徒で，答えが間違ったときの対応を変えていることが明らかになるかもしれない。

また，授業は一般社会と異なったコミュニケーション構造を持った場となることが多い。たとえば，ミーハン（Mehan, H）の見いだした **IRE 構造**[13]では，授業において，教師の主導的発問（initiation）→子どもの応答（response）→教師による評価（evaluation）の連鎖が多く観察されることを示す。一般社会では，答えを知らない人が知っている人に質問するが，授業では答えを知っている教師が，知らないかもしれない子どもに質問を行うという構造がみられる。このようなことが授業分析によって明らかになる。

4．Plan − Do − See サイクル

教師が設定した目標に適合した授業を実施するには，これまで述べてきたように，計画（Plan）―実施（Do）―評価（See）のいわゆる「**PDS サイクル**」を適切に展開させていく必要がある。

しかしながら，授業では，計画通りにいかないこともしばしばある。たとえば，授業の途中で子どもが予想以上に理解できていないことが判明することがある。また，思いもよらないすばらしい子どもの発言が出てきたという場合もある。このようなことを無視して当初の計画通りに授業を機械的に進めてゆくのは適切ではない。教師は授業中に生起するいろいろな出来事に即興的に対応しなければならない。**ヘルバルト**（Herbart, J. F.）は，このような教師の即

興的対応を**教育的タクト**と呼び，重視した。

　授業を実施する際，「目標への関心はしばしば『いま・ここ』で現実に起こっているプロセスを見逃し，そこに潜んでいる豊かな意味に気づかずに通り過ぎてしまう」[14]。設定した目標にこだわってしまうあまり，子どもの理解の度合いを無視して授業を進めてしまったり，あるいは，子どものすばらしい発言を生かすことなく授業を進めてしまったりすることが起こるのである。図5－4では，教師が，**ねがい，目標，学習者の実態，教材の研究，教授方略，学習環境・条件**の六つの間を往復することが示されている。学習者の実態，教材の研究，教授方略，学習環境・条件が，目標に従属してしまうのではなく，状況によって柔軟に目標を変容していく過程が示されているのである。PDSサイクルを展開させていく中でもこのようなことに留意する必要があろう。

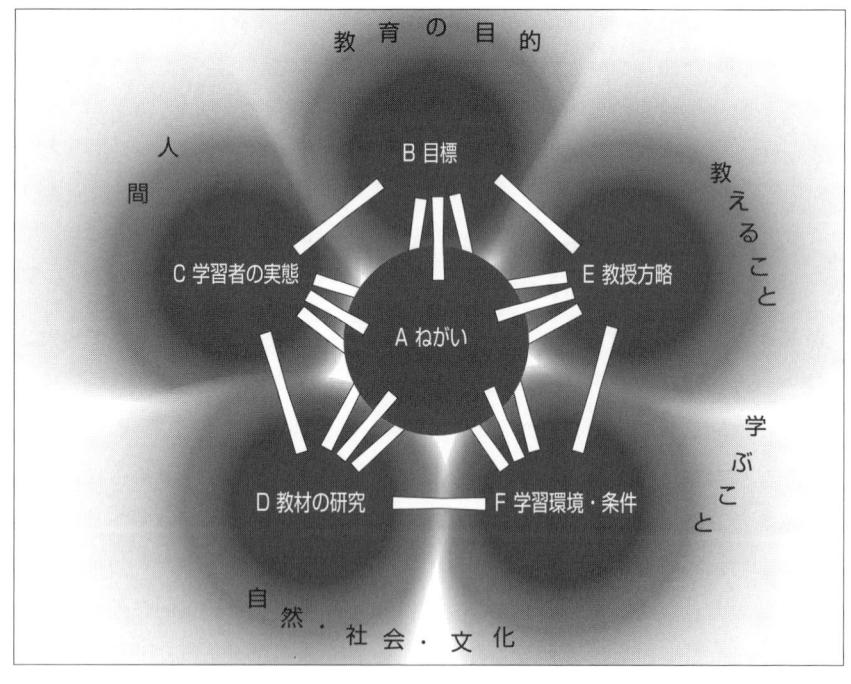

図5－4　六つの構成要素からなる授業デザイン

■引用文献
1) 杉村健:「学習と授業」(北尾倫彦・杉村健・山内弘継・梶田正巳:教育心理学), pp.57-90, 有斐閣, 1977
2) 板倉聖宣:仮説実験授業, 仮説社, 1974
3) ヴィゴツキー, L. S., 土井捷三・神谷栄司(訳):「発達の最近接領域」の理論―教授・学習過程における子どもの発達, 三学出版, 2003
4) 梶田叡一:教育評価, 有斐閣, 1983
5) 有田和正:社会科教材研究の技術, 明治図書, 1997
6) 杉江修治:バズ学習の研究, 風間書房, 1999
7) 山崎雄介:「教育内容と教材・教具」(田中耕治編:よくわかる授業論), ミネルヴァ書房, pp.62-63, 2007
8) 波多野誼余夫・稲垣佳世子:知的好奇心, 中央公論社, 1973
9) 佐藤学:教育方法学, 岩波書店, 1997
10) 刑部育子・小野寺涼子:「エスノメソドロジーによる社会的相互交渉の分析」(野嶋栄一郎編:教育実践を記述する 教えること・学ぶことの技法), 金子書房, 2002
11) 藤岡信勝:ストップモーション方式による授業研究の方法, 学事出版 1991
12) 吉崎静夫:「再生刺激法」(日本教育工学会編:教育工学事典), pp.245-246, 実教出版, 2000
13) Mehan, H.:Learning lessons, Social organization in the classroom, Harvard University Press, 1979
14) 藤岡完治:関わることへの意志 教育の根源, 国土社, 2000

第Ⅱ部　授業の構築と学級経営における教育心理学

第6章
教育評価

1. 教育評価の意義

（1）なぜ評価するのか？

　日々，教育現場で行われる活動によって子どもたちは育ち，学んでいる。保育者や教師は子どもたちに対して，育ってほしい子どもの姿を思い浮かべ，子どもの育ちや学びに対する願いを持ち，子どもたちにかかわり，教育活動を行っている。保育者や教師は子どもたちの育ちや学びの姿を正確に把握し，その情報を自らの行う保育や教育の活動に生かしたり，あるいは子どもたちに対して持っている願いが達せられているのかを見極める必要がある。テストの採点をして，通知表に成績をつけ，指導要録に記入するということだけが教育評価ではない。日々の活動の中にも教育評価をする意義が多々ある。

　そして，教育評価は保育者や教師だけでなく，子ども自身にとっても，教育を管理運営する人にとっても重要な意義がある。表6-1は保育者や教師，子ども自身，教育を管理運営する人に分けて教育評価の意義をまとめたものである[1]。第一に，保育者や教師は，教育評価によって，まず子どもの実態を把握し，理解することが必要であり，そのための情報を得る。そして，得られた情報を利用して，保育者や教師が子どもに対して持つ願いが具体化された目標に向けて，日々の活動を計画し，実際の活動中の手立ても修正していくのである。

　第二に，子どもたちは自分で評価したり，他者から評価されたりすることによって，自分自身が行った活動を振り返り，自分自身の姿に気づくようにな

表6-1　教育評価の意義

保育者や教師にとっての意義	
1	子どもの実態を知り，理解するための情報を得る
2	子どもの現在の姿を把握し，今後の教育活動を考えるために利用する
3	子どもに対して持つ願いとそれに基づく目標がどの程度まで実現できているのかを確かめる

子どもにとっての意義	
1	子どもたちが自分自身の姿に気づき，自己認識を深める
2	子ども自身が自分の学習活動を見直し，今後の学習活動について考える
3	親，保育者や教師，社会から期待されている価値の方向に子どもが気づくようになる

教育を管理運営する人にとっての意義	
1	教育による成果を把握し，教育の水準を維持していく
2	子どもの成長を保障し，国民に対する社会的な責任を果たす

（梶田（1995）を参考にして筆者作成）

り，自己認識が深まるのである。自分の長所や欠点に気づいたり，自分の成長した姿を見つめなおしたりすることができる。自分が現在している活動がそのままでいいのか，あるいは変えなければならないのかも判断できるようになる。また，子どもたちが行う活動やその成果には，親，保育者や教師，あるいは社会から望まれる価値，期待される価値が含まれる。保育者や教師は，親や社会，そして自分自身が期待する価値の方向に向かって教育活動を行い，その成果を評価し，子どもに返すことになる。たとえば，保育者は思いやる心を育てる方向に向かって子どものいざこざの仲裁のときに，自分はそのいざこざに対してどう思っているのかを子どもたちに伝える。また，教師は学習内容の大事な部分をテストに出題したり，配点を高くしたりすることによって教師が求める価値の方向を示している。授業中，子どもの解答に対して間違いを正すだけではなく，なぜ間違っているのかを子どもたちに詳しく伝えることによって，ただ正答するだけではだめなのだという方向に子どもを導いていく。教育

評価が子どもにとって価値の方向を示しているのである。

　第三に，文部科学省や教育委員会，校長先生など教育を管理運営する人は，子どもたちの教育活動やその成果に責任を持つ必要がある。それは，子どもたち一人ひとりの成長を保障するという責任であり，これからの社会を担っていく社会人を育てる現在の社会の責任でもある。そのために教育の水準を維持できているのかどうかを確認することが必要である。たとえば，2007（平成19）年の4月には全国の小中学校で全国学力・学習状況調査が実施され，知識を活用する力に課題があることが示された。

（2）評価の種類

　学力のように個人差を測定しようとする場合，集団の中におけるその子どもの位置づけが問題とされる。これは，事前に集団に対して何らかのテストを実施し，その結果に基づいて統計的に設定された集団基準をもとにして解釈される。「集団標準に準拠したテスト（norm-referenced test）」であり，「相対評価」と呼ばれる。相対評価では，平均値を中心とみなして，それより上か下かで判断される。順位をつけることや偏差値，段階評定などが代表例である。一方，子どもが到達すべき目標を定め，子どもの学力などを位置づける考えがある。「到達基準に準拠したテスト（criterion-referenced test）」「目標を基礎としたテスト（objectives-based test）」「内容に基づいたテスト（content-referenced test）」などであり，「絶対評価」と呼ばれ，「到達度評価」と同様に考えられる。つまり，期待される，求められる内容がまず考えられ，その内容を合格しているかどうかを測定することになる[2]。

　この「相対評価」と「絶対評価」にはそれぞれ長所と短所がある。「相対評価」では，長所として以下のような点などが挙げられる。

① 誰にでも容易に実施することができ，客観的に評価することができる。
② 偏差値や段階評定の評点が示す意味を理解しやすく，客観的に自分の位置を把握できる。
③ 他人との比較が必要な競争による試験，たとえば，入学試験や教員採用

試験などのように社会の実情に適した面がある。
④　国語や算数・数学など異なる性質の目標をすべて含めて比較したり，診断したりできる。

しかし，短所としては以下のような点などが挙げられる。
①　集団内に子どもを位置づけるので，集団内の他人の成績によってその子どもの成績が左右され，子どもの真の到達度がわからない。
②　①の結果として具体的な指導の手立てを考えるのに役立たない。
③　その子どもが努力して，進歩しても他人が同じように努力し進歩しているかぎり，その子どもの努力が結果として示されにくい。
④　③の結果として子ども同士の競争を引き起こしたり，自分さえ成績がよければよいという個人主義に陥ったりすることが考えられる。

一方，「絶対評価」の長所として以下のような点などが挙げられる。
①　設定された目標について子どもごとに評価するので，真の到達度がわかる。
②　①の結果として的確に今後の指導計画や教育計画を立てることができ，教育活動の改善ができる。
③　評価結果を子どもに知らせて自分の学習を調整させることによって，子どもに自己学習能力を身につけさせることができる。

しかし，短所としては以下のような点などが挙げられる。
①　目標を具体化したり，具体的な評価基準を設定したりするときには教師一人では困難であり，教師により評価基準が異なる場合には学校内の学級ごとに評価基準が異なってしまう。
②　「思考力・論理力」「興味・関心」「態度」などの側面や高次の教育目標の測定は困難である。

また，「相対評価」は集団内に，「絶対評価」は到達目標に子どもを一律に位置づけることになる。したがって，二つの評価とも子どもの個性を評価するのは困難であり，成績が劣っている子どもは劣等感を抱くこともある。しかし，**「個人内評価」**では，それぞれの子どもについて時間の経過における進歩の状

況(縦断的)や異なる目標間の優劣(横断的)を示して評価することができる。したがって,子どもの長所と短所を理解し,進歩状況を評価することでその子どもを指導する上で大いに役立つ資料を得ることができ,個性化教育につながるという長所がある。しかし,ひとりよがりの評価になってしまったり,結局相対評価の方法を利用したりせざるを得ないという短所もある[3]。

それぞれの評価とも評価する目的を考え,適宜使用することが必要である。

(3) 評価方法

評価方法にはさまざまなものがあり,表6-2に代表的な七つの評価方法を示した[2][3]。

① **標準テスト**は,全国的な集団の中に各自の結果を位置づけて評価するものである。評価する目的によってさまざまなものがあり,知能検査,発達検査,適性検査,学力検査,性格検査がある。検査の内容によっては幼児から使用できる。

② **教師作成テスト**は,指導の計画,実施,その成果について,それぞれ改善したり,成果を見取ったりするためなどさまざまな目的に応じて教師自身が作成し,使用される。担当する学級やその学校内においてのみ使用され,評価する点で標準テストと異なる。教師作成テストは客観テストの問題形式を取り,**再認形式**(recognition types)として**真偽法,選択法,組合せ法**があり,**再生形式**(recall types)として,解答を直接求める**単純再生法**,空所を補充する**完成法**がある。以上の標準テストと教師作成テストは「知識・理解」を評価するのに適しており,「思考力・論理力」や「態度」も評価できる。

③ **質問紙法**は,設問に対して回答を自由に書いたり,選んだりするが正答はない。子どもが自分自身について把握したり,反省したりするために利用できる。簡単な設問であれば小学校入学後に使用できるが,幼児の場合には保育者や親など第三者が**チェックリスト**に回答する形式もある。子どもの「興味・関心」の評価に適しており,「態度」も評価できる。

表6-2　評価方法の種類と内容

評価方法	評価方法の内容	使用できる発達段階
標準テスト	多くの子どもに事前に実施した結果をもとに得点を解釈する基準が作られた（標準化された）テストである。	性格などの内容によっては幼児から利用できる。
教師作成テスト	もっとも一般的な評価方法であり，教師が評価する問題を作り，その結果を解釈するテストである。	小学校入学後に頻繁に使用される。
質問紙法	標準テストや教師作成テストと同様であるが，回答に正答誤答の区別がない。	自己評価の手立てなど，小学校以後に使用される。
問答法	教師が子どもに対面して面接し，口答によって実態の把握をしたり，テストをする。	広範囲の資料を得るために，幼児から利用できる。
観察記録法	子どもがさまざまな活動を行っているときの態度や発言などを観察し，教師が事前に用意した基準に基づいて評価する。	遊び，実験・観察，探索・探検などの活動に対して幼児からよく使用される。
レポート法	レポートや作文を書かせて，教師が事前に用意した基準に基づいて評価する。	小学校上級生から使用できるが，中学生から使用されることが多い。
製作物法	製作された作品や絵画，実演や演技を教師が事前に用意した基準に基づいて評価する。	幼児から使用できるが，中学生から使用されることが多い。

（梶田（2002）を参考にして筆者作成）

④　問答法は，口答法や面接法とも呼ばれる。教師が子どもに対面し，口頭で質問して口答させる方法である。目標によって実施の形式は異なり，幼児からも使用できる。たとえば，教室での授業中によく使用され，**形成的評価**にも利用される方法であり，「知識・理解」「興味・関心」「思考力・論理力」の評価に適している。

⑤　観察記録法は，子どもが日常の生活場面でみせる態度や発言を観察する方法である。具体的には，遊び，実験・観察，探索・探検などの活動中に評定尺度やチェックリストなどの方法を用いる評定法や子どもの具体的でかつ特徴的な行動事例をエピソード（逸話）として記録する逸話記録法が

ある。幼児から特に使用され，「興味・関心」や「技能」の評価において特に適用しやすい。
⑥　**レポート法**は，**論文体テスト**とも呼ばれ，何らかの課題を与えてレポートや作文などを書かせて教師が事前に用意した評価基準に基づいて評価する方法である。小学校の上級生から使用できるが，中学生以後に使用されることが多い。特に，「思考力・論理力」や「態度」の評価に適しており，既習の理解や思考法を活用して解決できるような新しい問題場面を示して解決させる**問題場面テスト**（problem-situation test）も有効な方法である。
⑦　**製作物法**は，図画工作，音楽，体育などの活動を通じて絵画，製作した作品，楽器の演奏，実演などを教師が事前に用意した評価基準に基づいて評価する方法である。幼児から使用され，「興味・関心」「技能」「態度」の評価において特に適用しやすい。

　以上の評価方法は長所と短所を持ち，たとえば，問答法，観察記録法，レポート法，製作物法は評価の**客観性**に問題があるという短所があるが，子どもについて深く把握できるという長所がある。適用できる子どもの発達段階，評価したい側面，利用方法などをよく考えて使用すべきである。

2．評価を活用した試み

（1）学習の評価

　学校ではさまざまな目的で評価がなされている。たとえば，子どもの受け入れや配置，子どもの特性の把握，授業計画や授業自体の改善，子どもの学習成果の把握などさまざまな目的で利用されている。第一に，学年や学期のはじめには何らかの学習に入る前，その学習を効果的に行うために，子どもの知能，適性，学力，性格などについて評価を行うことが多い。子どもの実態を学習の前に把握するための評価であり，「**診断的評価**（diagnostic evaluation）」と呼んでいる。また，ある単元に入る前に子どもの学習状況など前提条件について

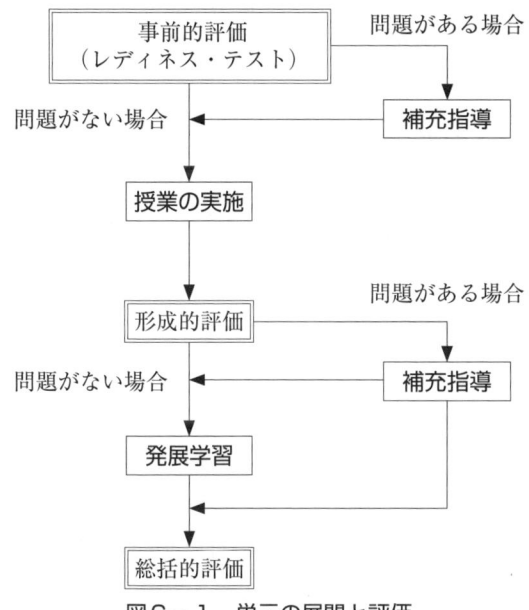

```
                ┌─────────────────┐ 問題がある場合
                │   事前的評価      ├──────────────┐
                │ (レディネス・テスト) │              │
                └────────┬────────┘              ▼
         問題がない場合      │              ┌──────────┐
         ◄─────────────────┤              │  補充指導  │
                           │              └──────────┘
                           ▼
                    ┌──────────┐
                    │ 授業の実施 │
                    └────┬─────┘
                         ▼
                    ┌──────────┐  問題がある場合
                    │ 形成的評価 ├──────────────┐
                    └────┬─────┘              ▼
         問題がない場合     │              ┌──────────┐
         ◄────────────────┤              │  補充指導  │
                          │              └──────────┘
                          ▼
                    ┌──────────┐
                    │  発展学習 │◄────────────┘
                    └────┬─────┘
                         ▼
                    ┌──────────┐
                    │ 総括的評価│
                    └──────────┘
```

図6-1　単元の展開と評価
（加藤（2005）より筆者作成）

評価しておくことを「**事前的評価**」という。たとえば，教科の学習に入る前に学習しうるように準備できているかテストする**レディネス・テスト**がある[3)4)]。

　第二に，学習活動，特にある単元が進む中でその活動の途上において評価を実施する。これが「**形成的評価（formative evaluation）**」と呼ばれるものである。この形成的評価によって，その後の学習活動の調整，学習成果を途中で確認することで子どもが次の学習にさらに取り組もうとすること，子どもがわかっていないことへの対処ができる。

　第三に，単元の終了時に評価したり，成績をつけるための資料にしたりする。これを「**総括的評価（summative evaluation）**」と呼んでいる。なお，総括的評価は，教育活動の中途で実施され，その後の教育活動の改善のために評価するという機能の側面から考えられた形成的評価とは異なる。ある単元について診断的評価，形成的評価，総括的評価の使用例を示したものが図6-1で

ある。これは，ブルームの提唱した**完全習得学習（マスタリーラーニング）**の考えに基づくものである[2)4)]。

（2）「総合的な学習の時間」の評価

　2002（平成14）年から「総合的な学習の時間」が導入された。この授業では自ら学び自ら考える力の育成を目標としており，この目標の評価にはポートフォリオ評価が適している。**ポートフォリオ**（portfolio）とは「紙ばさみ，書類かばん」という意味であるが，「自分が自発的に学びの伸びや変容を多面的多角的かつ長期的に評価し新たな学びに生かすために学習物等を集めたもの」と定義されている[5)]。ここで示された「自分」という評価の主体は子どもでも教師でも集団でもかまわない。「自分」が「学習物等」であるふり返りメモ，絵画，写真，作文などをポートフォリオに整理保存するのである。その学習した成果から「学びの伸びや変容」という側面を質的な基準によって評価することになる。したがって，個人内評価に適しており，評価の基準を子どもに考えさせることによって自己評価する能力を高めることもできる。しかし，評価の妥当性，信頼性，客観性，公平性などの面で問題を抱えている。その評価においては，子ども自身による**自己評価**，友だちとの**相互評価**，保護者や教師による**他者評価**を利用し，その価値をともに認め合うことが大切である[6)]。

（3）子どもによる自己評価の利用

　自己評価とは，子ども自身が自らの学習の状況を理解し，それに基づいて自分を確認するとともに，その後の学習活動を調整し改善する**メタ認知**の行為とされている。自己評価の意義を表6－3に示した[7)]。

　自己評価を教育活動に取り入れる場合には，第一に，子どもが自分なりの目標や自分で決めた評価基準に照らし合わせて自分で評価を行う必要がある。第二に，子どもの評価結果がひとりよがりの結果にならないように指導する側から客観的な評価の情報を与えることが必要である。第三に，自己評価することが目的になってしまわないように，子ども自身の学習活動の充実や改善につな

表6-3 自己評価の意義とポイント

自己評価の意義
1 自分の学習状況を対象化してとらえることができる
2 外的な評価基準に照らして自己の学習状況を客観的にとらえることができる
3 目標が十分に達成できたところについて自信を持つことができる
4 学習が不十分なところについて，新たな達成意欲を持つことができる
5 自らの学びの改善案やより高い目標を考える機会を持つことができる

(田中（2000）を参考にして筆者作成)

がっているかふり返ることが必要である。このような子どもによる自己評価は総合的な学習の時間におけるポートフォリオ評価などで使用されることが多い[8]。

（4）アセスメント

アセスメント（assessment）とは，「多角的な視点から，多様な評価方法によって評価資料を収集すること」といわれ，教育の内容について価値判断する教育評価と区別されることが多い[9]。臨床的な治療目的にその評価結果が利用されたり，発達的な観点から個別の教育支援計画を立てるためにも利用されたりする。知能検査や発達検査，各種人格検査の実施，保護者への面接，対象となる子どもの観察など多様な方法によって多面的な情報を収集し，対象となる子どもの実態を把握することが中心となる。そして，今後の指導や支援の方策を関係者が連携し検討することになる。特別支援教育の導入に伴い個別の教育支援計画の作成が求められており，今後アセスメントは教育場面においても重要な役割を果たすことになる[10]。

（5）学校以外の関係者による評価

管理運営，調査・研究，実態把握などの目的のために学校以外の機関が実施する評価を「外在的評価」と呼ぶ。たとえば，文部科学省が実施している全国学力調査やいじめ・不登校などの実態調査などがある[2]。これ以外にも大学等

の専門機関との連携による授業や保育の改善のための実践研究にも利用されている。

また，地方分権化に伴い規制緩和が進み，学校の自主性や主体性が尊重されることになった。これに伴い責任の主体となる学校は，保護者や地域の関係者に対して教育活動の結果に対して責任を負い，説明をする責任も負うことになった。つまり，今後求められる開かれた学校づくりや保護者や地域社会との連携のために学校に対する教職員自身による自己評価や「**外部評価**」の導入による評価，つまり「**学校評価**」が求められている。外部評価には，保護者や地域住民，学校評議員などによる**学校関係者評価**と専門家などによる**第三者評価**がある。具体的な学校評価の進め方を図6－2に示した[8]。

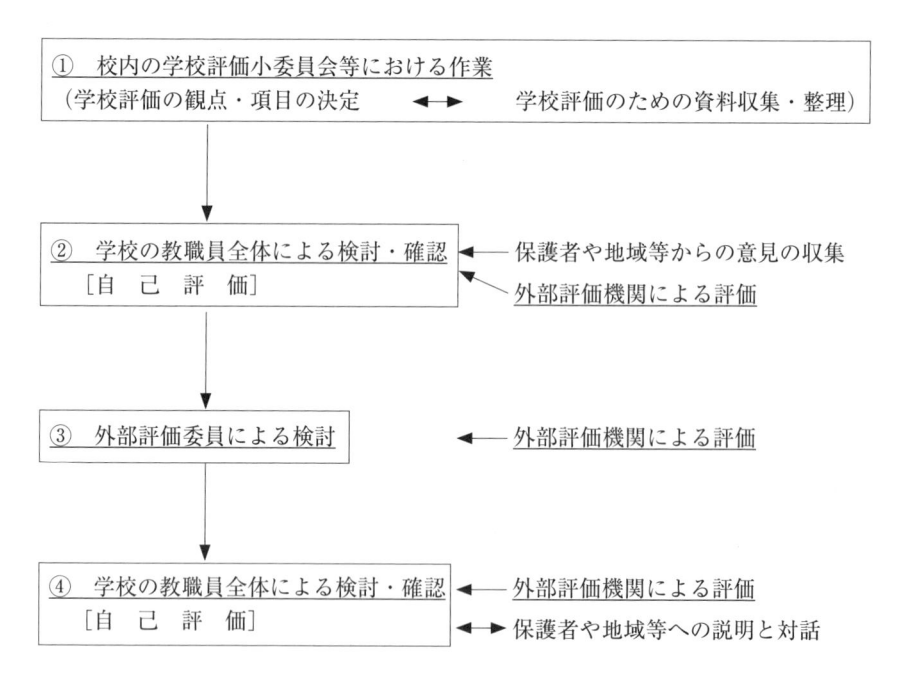

```
┌─────────────────────────────────────────────┐
│ ① 校内の学校評価小委員会等における作業          │
│  （学校評価の観点・項目の決定 ◄──► 学校評価のための資料収集・整理） │
└─────────────────────────────────────────────┘
                    │
                    ▼
┌─────────────────────────────────┐
│ ② 学校の教職員全体による検討・確認 │◄── 保護者や地域等からの意見の収集
│     ［自 己 評 価］              │◄── 外部評価機関による評価
└─────────────────────────────────┘
                    │
                    ▼
┌─────────────────────────────────┐
│ ③ 外部評価委員による検討          │◄── 外部評価機関による評価
└─────────────────────────────────┘
                    │
                    ▼
┌─────────────────────────────────┐
│ ④ 学校の教職員全体による検討・確認 │◄── 外部評価機関による評価
│     ［自 己 評 価］              │◄──► 保護者や地域等への説明と対話
└─────────────────────────────────┘
```

図6－2　学校評価の道筋の概要
（梶田・加藤（2004）より筆者作成）

3. 評価の落とし穴

(1) 本当に評価できているのか？

　第一に，教育活動の目標とされていることが現実に評価されているのかという問題がある。これは**妥当性**と呼ばれるが，妥当性が低いと評価結果が教育の成果とみなせなくなってしまうのである。第二に，**主観性**が大きく入り込んでいないかということである。これは，評価の種類や評価方法のところでも述べたことにかかわる問題である。主観性が完全に入り込まないようにすることは不可能であるが，なぜ主観性が生じるのか考えておくことは大切である[2]。

(2) 評価の歪み

　第一に，評価者の持つ認知的側面が評価をゆがめることがある。たとえば，同じ社会集団に属する人々に共通して持たれているイメージは**ステレオタイプ**（stereotype）と呼ばれているが，この「ステレオタイプ的認知」によって個人差を無視した評価をしてしまうことがある。また，子どものある特性に対して良い（悪い）印象を持つとその特性に直接関連しない他の特性に対しても同じく良い（悪い）印象が持たれやすい傾向（**ハロー効果，背光効果**）も指摘されている。そして，「社会性の高い子どもは当然親切である」というように似ている二つの特性が同じように評価されやすいこともある（**論理的過誤**）[6]。

　第二に，評価者が評価対象である子どもに対して持つ感情によって評価がゆがんでしまうことがある。たとえば，評価者は子どもを肯定的に評価する傾向がある（**寛容効果**）。また，極端な評価をしない傾向（**中心化傾向**）もある[6]。

　第三に，さまざまな方法で評価された多くの結果を利用する場合の問題である。子どもを実際に指導する場合，さまざまな評価結果を利用することが多い。この場合，第一に多くの多面的な評価結果に注目し，目の前の現実の子どもの可能性に気づけないことがある。第二に，測定され数字で示された結果は

入試などのさまざまな教育的な決定場面で重視されることが多く、過剰な「格づけ」につながってしまうこともある[2)]。

教育評価には、以上のような問題点も多いが、子どもの育ちと学びを保障する意義がある。教育評価が評価のための評価にならないように気をつけ、現状の改善に役立つように適用することが求められる。

■引用文献

1) 梶田叡一：「教育評価ということ」(梶田叡一編：教育心理学への招待、第8章)、pp.147-160、ミネルヴァ書房、1995
2) 梶田叡一：教育評価［第2版補訂版］、有斐閣、2002
3) 橋本重治（原著）・応用教育研究所（改訂版編集）：2003年改訂版 教育評価法概説、図書文化社、2003
4) 加藤明：「教育実践を導く評価の課題と展望」(人間教育研究協議会編：教育評価の課題を問い直す、第2章)、pp.16-25、金子書房、2005
5) 安藤輝次：ポートフォリオで総合的な学習を創る、図書文化、2001
6) 森敏昭・秋田喜代美編：教育評価重要用語300の基礎知識、明治図書、2000
7) 田中博之：「豊かな人間性や社会性をはぐくむ評価」(「悠」編集部編："評価"を生かす学校づくり)、pp.28-33、ぎょうせい、2000
8) 梶田叡一・加藤明編：実践教育評価事典、文渓堂、2004
9) 田中耕治：よくわかる教育評価、ミネルヴァ書房、2005
10) 本郷一夫・長崎勤編：特別支援教育における臨床発達心理学的アプローチ 別冊「発達」28、ミネルヴァ書房、2006

第Ⅱ部　授業の構築と学級経営における教育心理学

第7章
教育測定と統計

1．教育測定の例

　教師となった皆さんが，身体測定で子どもの身長や体重をはかるとしよう。身長計と体重計が必要だ。測定対象に応じた測定道具（「はかり」や「ものさし」）を用いて値を読み取ることが測定であるといえる。身長や体重の場合には測定道具は決まっているが，教育測定の場合には，教師が測定道具を決めなくてはならない。何もテストに限らない。結果が数値でなくてもよい。子どもの顔色や「わかった？」とか「どこがわからない？」という質問も，手軽な測定手段と考えることができよう。これらの測定道具に対する子どもの反応が測定結果ということになる。しかし顔色や発言のみでは，クラス全員の子どもの考えや理解の程度を詳細に検討する測定結果としてはいささか頼りない。

　さらに具体的に述べよう。図7－1をみてほしい。小学校理科のテストの一部である[1]。これは「物質の質量（重さ）保存」の理解を測定する問題である。物質には特定の質量があり，他のものを加えたり減らしたりしない限り質量は変化しない。この法則を質量保存則と呼び，小学生が（でも）理解すべき「物質の基礎概念」の一つであるとされる。

　子どもが質量保存則を理解できているかどうかを把握するため，「重さは変わりません。わかった人は手を挙げなさい」という指示でクラス全員が挙手したからといって，全員が理解できたと考えるのは素朴すぎる。そこで，テスト問題という測定道具をさまざまな角度から5問つくったわけである。5問正答できてはじめて，その子は質量保存則が理解できたと判断することになる。

1．(1) ねんどのかたまりがある。そのねんどのかたまりをちぎってこねて10このおだんごにした。おだんごぜんぶ（10こぶん）の重さはどうなるか？ (a)～(d)のうちひとつえらんで○をつけてください

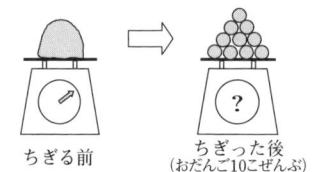

ちぎる前　→　ちぎった後（おだんご10こぜんぶ）

(a) ちぎる前よりかるくなる
(b) ちぎる前とかわらない
(c) ちぎる前よりおもくなる
(d) わからない

(2) 今度は，ねんどのかたまりをぜんぶつかって，コップの形にした。つくったコップの重さはどうなるか？ (a)～(d)のうちひとつえらんで○をつけてください

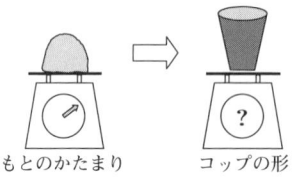

もとのかたまり　→　コップの形

(a) もとよりかるくなる
(b) もととかわらない
(c) もとよりおもくなる
(d) わからない

2．水を入れた水そうがある。ぜんたいの重さをはかりではかっています。この水そうに大きな石を入れたら，はかった重さはどうなるでしょうか？ (a)～(f)のうちひとつえらんで○をつけてください

水をこぼさないように入れる

(a) 入れる前よりへる
(b) 入れる前とかわらない
(c) 石の重さまではいかないけれど，すこしふえる
(d) ちょうど石の重さだけふえる
(e) 石の重さよりももっとふえる
(f) わからない

3．大きい鉄のかたまりはすごく重い。では，虫眼鏡（むしめがね）でもやっと見えるようなうーんと小さい鉄のつぶは，重さがあるでしょうか？カッコの中からひとつえらんで○でかこみましょう。

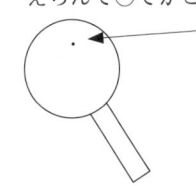

小さすぎて書けませんでした

((a) 重さはある　(b) 重さはない　(c) わからない)

4．花子さんはあまいケーキひとつ食べた。すぐに体重計（たいじゅうけい）にのると，花子さんの体重はどうなるでしょうか？ a～eのうちひとつえらんで○をつけましょう。
　a）食べる前よりへる　b）食べる前とかわらない
　c）ケーキの重さまではいかないけど少しふえる
　d）ちょうど食べたケーキの重さだけふえる
　e）食べたケーキの重さよりももっとふえる

図7-1　白井ら（2006）が用いた質量保存に関する問題

このように，測定道具をつくる際には「子どもがどうなったら学習結果が満足すべきものといえるか」とか，「今回の援助活動はどのような特徴を持っているのか」といったきわめて具体的な事柄を考える必要がある。言い換えれば，教育測定とは，学習活動をめぐる諸条件の明確化作業ということができる。

問題の答えは自分でも考えてみていただきたい[*1]。

2．尺度のいろいろ

小学校5年の理科に「ものの溶けかた」という単元がある。この単元の学習終了後，あるクラス（34名）に先の問題に答えてもらった。パソコンを使う場合には，子どもの解答を数字で入力した方が効率的なため，学習者の答えがaならば1，bならば2というように，答えに対応した数字を用いることがある（**コーディング**）。表7－1はコーディング後の解答である[*1]。

ところで，テスト得点の場合，ふつう値は大きい方がよい。しかし表7－1の数値は大きいほどよいわけではない。つまり，数値によって性質が異なるのである。次に示すStevensの尺度分類は，数値の違いを分類した代表例である。

表7－1　コーディングした解答（一部）

出席番号	名前	1(1)	1(2)	2	3	4
1	光	2	2	4	1	3
2	佑	2	1	2	1	3
3	まゆ	2	2	4	1	3
4	愛	2	2	4	1	4
5	文香	2	2	4	1	4
31	見保	4	4	4	2	4
32	彩加	2	2	4	1	3
33	里紗	2	2	4	1	4
34	悦代	2	2	4	1	3

① **名義尺度**（nominal scale）

表7－1で用いられた「aは1，bは2」の「1・2」のような「1」

[*1]　各問の正答は，1(1)(b)，(2)(b)，2(d)，3(a)，4(d)である。

「2」。背番号やアパートの部屋番号も同じく，数値に量としての意味がなく，他のものと区別するために使われているに過ぎないもの。出席番号1と2を足した3という結果は，出席番号3の子どもと何の関係もない。つまり，この数値同士で何らかの計算をしても結果は何も意味しない。

② **順序尺度**（ordinal scale）

成績の「1番・2番」のような「1」「2」。身長順や五十音順なども同じく，何らかの基準で並べたときの順序を表すために使われるもの。数値の大小は意味を持つが，数値間の差，たとえば「1番」と「2番」，「2番」と「3番」の違いは必ずしも一定ではない。5番から3番になる場合と，3番から1番になる場合とでは，同じ2の差があるが，同じ点数差や努力差を意味しない。つまり，相互に加減してもその結果は正しいとは限らない。

③ **間隔尺度**（interval scale）

「（摂氏）1℃・2℃」のような「1」「2」。一定の間隔での数量の大小を表現するために使われる。数値間の差は等しく，つまり等間隔ではあるが，「0」や「1」は誰かがたまたま定めた点となっていることが特徴である。摂氏の場合，水が凍る温度を「0」としているが，0℃だからといって，温度がないわけではない。他に西暦などもこの尺度である。50の2倍は100，10の2倍は20だが，10℃から20℃になる場合と50℃から100℃になる場合で同じことは何もない。すなわち，加減の結果には意味があるが，乗除の結果（比）には意味はない。

④ **比例尺度**（ratio scale）

「長さ1m・2m」のような「1」「2」。等間隔である上に，「0」はその量が「ない」ことを表す。長さ0mとは，文字通り長さが0，すなわち「ない」ことを意味している。このような特徴を持ったもの。加減乗除が意味をもつ。

得られた測定結果がどの尺度かにより，ふさわしい集計方法が異なることに尺度分類の意義がある。それぞれにふさわしい基礎的な集計方法を表7-2に示した。

ところで，通常行われている学力テストの「得点」はどの尺度だろうか。通常，テストはその範囲の一部から出題されるので[*2]，測定結果が0点だからといって，テスト範囲の内容すべてにわたりまったく理解されていないとはみなせない。つまり得点の「0」は「ない」ことではないから，比例尺度とは考えられない。

　さらに一部のテストでは漢字の読み書きや英語の綴り，算数の計算問題などの配点は低く，文章問題だと配点が何倍にもなる。しかしこの配点の多くは作成者側が勝手に決めており，根拠があることは少ない。つまり得点の間隔は一定ではないと考えざるを得ないことが多い。それゆえ，間隔尺度でもないのである。では，順序尺度かというと，配点次第で順序は容易に入れ替わることから，それさえ危うい場合がある。表7−2に照らすと，得点の増減さえ意味を持たない場合があることになる。

　学校現場ではテスト得点による平均その他の計算結果をしばしば用いるが，尺度という観点からは厳密さに欠けると言わざるをえない。これらは他に適当な代替手段を発見できない場合の便法に過ぎないと考えておくべきである。

表7−2　Stevensの尺度分類と代表的な集計方法

尺度名	例	意味のある演算	よく用いる代表値や集計方法
名義尺度	背番号，部屋番号	各値の度数	モード，度数（頻度）集計
順序尺度	成績順位，「ベスト10」	値の増減	メディアン，順位相関
間隔尺度	摂氏温度，西暦	値同士の加減	平均，相関係数など
比例尺度	50m走のタイム，体重	値同士の乗除（比）	ほとんどの集計が可能

[*2]　たとえば2ケタ＋2ケタの足し算を考えると，テスト範囲は $90 \times 90 = 8100$ 問あることになる。しかし，実際にはその中の一部しか出題されない。この例で，範囲全体を「母集団」，問題を「標本（サンプル）」と考える「標本調査」がテストともいえる。

3. 原因にかかわる変数と結果にかかわる変数

　表7-1に戻ろう。この数値は名義尺度なので足し算や引き算はできない。しかし，問いごとに正答を「1」，それ以外を「0」と書き直すと，この数値は「5問中何問正解できたか」という観点から，足しても意味を持つ。たとえば出席番号1の光さんは，5問中4問正答したといえる。子どもにより正答数は違うし，同じ子どもであっても学習援助の内容により（別の教え方をすることで），正答数は変化するだろう。このように，条件によって変化する測定値を「**変数**」と呼ぶ。この単元の学習援助の特徴を考えた場合，これも（測定結果は数値ではないこともあるが）変数と考えることができる。

　変数はさらに2通りに分類可能である。先に述べたように，正答合計はさまざまな要因，とりわけ単元中の学習援助の特徴（何をどのようにして教えたか）により，変わりうる。教え方によって（従属して），変わりうる値（変数）なので，この変数を「**従属変数**」と呼ぶ。一方，学習援助の特徴のほうは正答合計の値がわかる前に（結果とかかわりなく）決められていたので，こちらを「**独立変数**」と呼ぶ。従属変数は「結果」にかかわる変数，独立変数は「原因」にかかわる変数と考えておいてよい。従属変数と独立変数という概念は，結果（従属変数）と原因（独立変数）とをはっきり区別して考えられるところに利点がある。

4. クラス全体の傾向把握

（1）中心を示す代表値

　再び質量保存則の問題に戻る。単元を始める前にも同じ問題をやってもらっていたので，今度はクラス全員（34名）の単元前後の正答数を表7-3に示す。クラス全体の傾向を知るため，個人ごとの多少の違いはおいて，34名全体の代表として特定の数値を用いることがある。この値のことを「**中心を示す代**

表7−3　単元前後の正答数

出席番号	名前	単元前	単元後	出席番号	名前	単元前	単元後	出席番号	名前	単元前	単元後
1	光	1	4	13	友紀	1	3	25	花音	4	5
2	佑	3	2	14	絵里香	3	5	26	祐貴	3	3
3	まゆ	4	4	15	友香	2	5	27	知香	4	4
4	愛	4	5	16	澄枝	1	5	28	麗	2	2
5	文香	1	5	17	彩	3	3	29	愛子	2	5
6	美穂	3	5	18	綾子	4	4	30	萌	2	5
7	実咲	4	4	19	華生	2	3	31	見保	2	2
8	陽	1	5	20	璃奈	4	4	32	彩加	2	4
9	優	4	2	21	亜美	5	5	33	里紗	4	5
10	祥子	1	4	22	沙耶	1	4	34	悦代	1	4
11	実佳	3	3	23	夏菜	4	5				
12	綾乃	3	4	24	詩帆	1	2				

表値」と呼ぶ。最もよく用いられるのは平均（算術平均）である。このクラスの場合，単元後の平均正答数は約3.9だ。単元前の平均正答数は約2.6だった。つまり，単元授業前後で，クラス全体の正答数は2.6→3.9と，1.3問程度増加したことがわかる。中心を表す代表値には，他に**メディアン**や**モード**が用いられる。

（2）散らばりを示す代表値

代表値は中心を表すものだけではない。数値の散らばり具合も大事なことがある。

質量保存則の例で考えよう。たとえば同じく平均が3問であっても，34名全員が3問の場合と，13名が0問で，1名が2問，残り20名が5問全問正解の場合がありうる。前者は全員が同じような理解度といえるが，後者は子どもにより理解度が大きく異なる（ばらついている）といわざるをえない。これらのば

らつきぐあいを示す代表値とし
て，**分散**（variance）**と標準偏
差**（standard deviation；S D
と略記することがある）があ
る。この計算はやや面倒なの
で，直感的にわかるように，5
名だけの数値を表7－4に示し
た。これに沿って算出法を述べ
よう。

表7－4　単元後の正答数の偏差（5名のみ）

出席番号	名　前	単元後	偏差	偏差^2
1	光	4	0	0
2	佑	2	－2	4
3	まゆ	4	0	0
4	愛	5	＋1	1
5	文香	5	＋1	1
		合計	0	6
	（平均）	4		

　各測定値から平均を引いた値
は，「**偏差**」と呼ばれる。偏差
には正負があり，そのまま合計
を求めると0となる。どんな
データでも偏差の合計は0とな
る（各種の例で確かめてほし
い）。これではばらつきを示す

表7－5　34名の代表値

	単元前	単元後
平均	2.6	3.9
分散	1.5	1.1
標準偏差	1.2	1.1

値とはなりえない。そこで偏差を2乗し，符号をそろえる。この値を**偏差平方**
と呼ぶ。偏差平方の平均を求めると，$6 \div 5 = 1.2$となる。この値を**分散**とい
う。分散の単位は，もとの単位の2乗（この場合には「問^2」）となる。これ
では考えにくいこともあるので，分散の正の平方根（ルート）を求める。単位
は「問」に戻った。値は約1.1となった。この値を**標準偏差**と呼ぶ。
　34人全員についての分散と標準偏差を表7－5に示した。単元前後で，ばら
つき具合はほとんど変わらないものの，どちらかといえば単元後のほうがやや
小さいことがわかる。

5．平均の分布とその変換

　質量保存の問題は他のクラスでも実施可能だ。そのクラスでも平均を求める

ことができる。多くのクラスで行い，クラスごとに平均を求めた場合，どんな値が多くなるだろうか。

クラス全体の理解度によって平均は変動するだろう。しかし，原因はそれだけではない。別のことでほめられた，楽しいことがあってやる気が倍増した，給食後で眠い，運動後で疲れた，叱られた後で落ち込んだ，来週の行事のことで頭がいっぱいだった，などなど，子ども個人の正答数が変化する原因はいくつもありうる。これらに応じてクラス平均は変動していく。

無数の原因がそれぞれ正答数を増減させた結果，クラス平均値の集合は図7－2に示す**正規分布**と呼ばれる分布に従うと考えられる。工作機械などによって起こる誤差の分布も正規分布であることから，この分布は**誤差分布**ともいわれる。正規分布には，以下のような特徴がある。

① 正規分布に従うと想定できる事柄は多い。
② 統計学のほとんどの推定・検定理論（使用頻度が高いもの）は前提として正規分布を想定している。
③ クラス内など，手に入ったデータがたとえ正規分布していなくても，データ量を増加させることによって正規分布に従うと考えてよい場合や平均値の集合が正規分布するとみなせる場合が多い。
④ 一般に出てきたデータはたくさんの要因に左右された結果である。これらの要因の総和が正規分布することが多い。

さらに，正規分布は平均（全体の平均）と，標準偏差の値さえわかれば，分布の形状は唯一に定まる。すなわち図7－2で，正規分布の中心が平均，平均から正規分布曲線の「曲がり目（変曲点）」までの距離が標準偏差となる。

このことを利用して，標準偏差

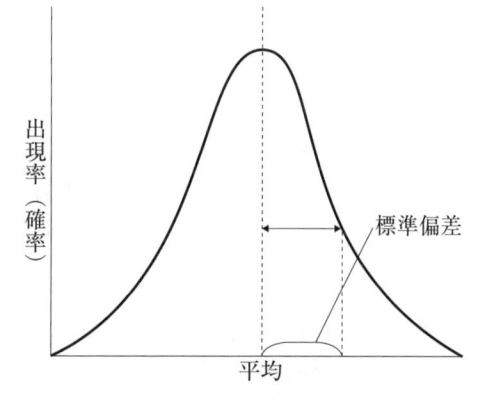

図7－2　正規分布

表7-6　相対評価の5段階評価の基準と割合

段　階	基　準	正規分布上の存在割合	40名中の人数
1（劣る）	〜平均−1.5×標準偏差	6.7%	2.7名
2（やや劣る）	平均−1.5×標準偏差〜平均−0.5×標準偏差	24.2%	9.7名
3（普通）	平均−0.5×標準偏差〜平均+0.5×標準偏差	38.3%	15.3名
4（やや優れている）	平均+0.5×標準偏差〜平均+1.5×標準偏差	24.2%	9.7名
5（優れている）	平均+1.5×標準偏差〜	6.7%	2.7名

※　項目計が100%ちょうどにならないのは四捨五入のためである。

を一つの「ものさし」と考えて成績評定を行う方法が**相対評価の5段階評価**だ。すなわち，平均値に標準偏差の1.5倍および0.5倍を加減した値をそれぞれ基準とし，表7-6のように5段階とする。以前の通知表や指導要録はこの考え方から，各段階にあたる人数（定員）を決めていたのであった。

また，各測定値から特定の数値を加減乗除しても（**一次変換**という），分布そのものは変化しない。このことを利用した変換が**偏差値**である。

具体的に偏差値について考えよう。得点が同じであっても，テストが違えば，結果は同じであると考えることはできない。それでも比較をしたい場合がある。こういった場合，

　　　T ＝（各個人の得点−テスト平均）÷標準偏差×10＋50　　とする。

こうすると，どのテストでも平均50点，標準偏差10点ということになる。この値が**偏差値**（**T得点**ということもある）となる。

偏差値にすることによって，全体の得点分布の中でどのくらいの相対的位置にいるかが推測できるようになる（生の点数では平均より高いか低いかくらいしかわからない）。しかし同時に，①異なる集団の間で偏差値だけを比較しても意味がない。②各人の才能や個性は偏差値では表現できない。③現在の努力の程度および将来の可能性は偏差値には反映されない，という批判がある[2]。さらに，④尺度のところで述べた通り，テスト得点の等間隔性などに疑問がある場合が多い。この場合にはそもそも意味のない平均や標準偏差を用いた計算

結果を信頼しようがない。⑤問題内容にかかわらない比較は，実際のところ学習援助活動の改善にはほとんど寄与しない，などの問題があると考えられる。

6．教育測定の意義

　本章の最後に，質量保存則の課題に対する測定結果について，後始末をしておこう。我々が用意した課題は5問であった。この5問はすべて，質量保存則を理解しているとすれば正答しうると想定して作成したものである。したがってこの観点からすれば，全問正答できなければ質量保存則の理解は不十分だったということになる。表7－3の単元後を見ると，5問正答という子どもは13人（38％）いた。彼らについては質量保存則を理解できたと判断してよいだろう。しかし，この時点で教師は事実をしっかり見なくてはならない。単元学習後で理解できた子どもは4割に満たないのである。全問正答の割合が単元前に比べて増えた（3％→38％）としても，あるいは平均正答数が増加したとしても，とても十分だとはいえない。

　ただ嘆いていても仕方がない。次になされるべきは，子どもはどの課題ができなかったか，を検討することである。課題ごとに単元前後の正答率を見る（図7－3）と，単元後には他の課題はいずれも8割以上の子どもが正答しているにもかかわらず，課題4の正答者が16名と少ないことがわかる。

　では，子どもは課題4にどのように答えているだろうか。選択肢を見てみると，正答(d)を上回る17名が「(c)ケーキの重さまではいかないけど少しふえる」を選択していた。人がものを食べるという状況に質量保存則は適用しにくいと

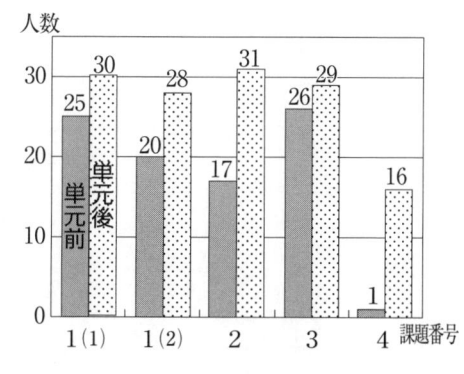

図7－3　課題別正答者数

いうことだろうか。単元学習において，そのような学習場面を追加する必要が見えてくる。

しかし，ただそれだけでは「ひねった問題だからできなかった」と片付けられる可能性もある。そこで，さらにたとえば課題4と課題2

表7-7　課題の正誤の組合せ集計例

		課題2		
		誤り	正答	計
課題4	誤り	3	15	18
	正答	0	16	16
	総計	3	31	34

の正誤を組み合わせて集計してみると，表7-7になるのである。課題4に正答しえた子どもは課題2にも正答できる。しかし，課題2誤答の3名は，課題4にも誤っているのである。この3名は，単元学習によって質量保存則の理解が促進されなかった可能性があることがわかる。教師はこの3名についてフォローする必要がみえてくる。

このように，測定結果は，教師の次なる手の打ちようを明らかにしていくために用いられるべきである。子どもから見た場合のテスト結果とは大きく異なることを強調したい。

■引用文献
1）　白井秀明・宇野忍・荒井龍弥・工藤与志文・佐藤淳：「小学生の単元進行に伴う学力差拡大状況の実態とその是正のための教授法の開発」，平成16・17年度科学研究費補助金研究成果報告書，2006
2）　蓑谷千鳳彦：統計学のはなし，東京図書，1987

第Ⅱ部 授業の構築と学級経営における教育心理学

第8章
パーソナリティと適応

パーソナリティ（personality）は，「個人とその物理的・社会的環境とのかかわりにおける個人差を規定する，ある特徴的な思考，感情，行動の様式」と定義される[1]。

すでに古代ギリシャ時代に，テオプラストスという人が「けち」「臆病」「横柄」など，パーソナリティの特徴をもとにした軽妙な人物描写を遺している[2]。現代に入り，パーソナリティの問題は心理学における主要なテーマの一つとして，多くの研究が行われてきた。

1．パーソナリティの形成にかかわる要因

（1）遺伝と環境の要因

第1章で述べたように心理学の成立当初より，遺伝と環境の問題が議論されてきた。パーソナリティの形成において，遺伝と環境のどちらが強い影響力を持っているのだろうか。もし遺伝の影響が強いとしたら，持って生まれたパーソナリティは成長しても変化しないのだろうか。

遺伝と環境に関する議論の中で，**行動遺伝学**（behavioral genetics）によるアプローチが注目を集めている。プロミン（Plomin, R.）は双生児を対象とした研究から，「外向性」や「神経症傾向」などのパーソナリティ特性については，個人差のばらつきのうち約50％が遺伝的要因として説明できるという（表8−1）[3]。

しかし，パーソナリティの半分は遺伝で決定されており，その部分は一生変

わらないというわけではない。遺伝に基づく好みは，どのような環境を選ぶかに影響を与えている。また，環境の中で得られた経験が，持って生まれた行動の傾向をより複雑なものにする。したがって，「遺伝か環境か」ではなく，「遺伝も環境も」という視点で理解することが重要である。

表8-1　各測度における遺伝と環境の影響

	遺伝率	共有環境	非共有環境
指紋隆線数	.92	.03	.05
身長	.66	.24	.10
体重	.74	.06	.20
知能	.52	.34	.14
宗教性	.10	.62	.28
学業成績	.38	.31	.31
創造性	.22	.39	.39
外向性	.49	.02	.49
職業興味	.48	.01	.50
神経質	.41	.07	.52

（安藤（2000）[4]）

（2）子どもの気質

生まれて間もない乳児でも，よく夜泣きをしてぐずる乳児もいれば，そうでもない乳児もおり，すでに個人差がみられる。私たち人間が生まれながらにもっていると考えられる特有の行動パターンへの傾向を，**気質**（temperament）という。

クロニンジャー（Cloninger, C.R.）はパーソナリティを4次元の気質因子と3次元の性格因子に分類している（図8-1）[5]。クロニンジャーの分類では，気質は相対的に先天的なものであり，性格は経験の影響を強く受けるもの

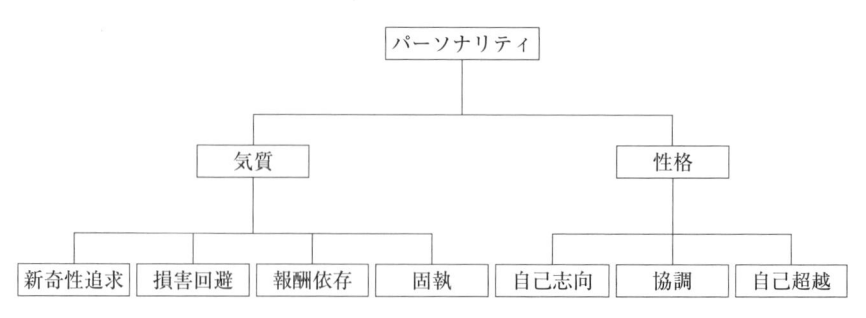

```
                    パーソナリティ
                    ┌────┴────┐
                   気質         性格
            ┌──┬──┬──┐   ┌──┬──┬──┐
         新奇性追求 損害回避 報酬依存 固執 自己志向 協調 自己超越
```

図8-1　クロニンジャーの気質・性格モデル
（木島（2000）をもとに作成）

とされる。

　一方，トーマス（Thomas, A.）とチェス（Chess, S.）は，乳幼児の行動観察をもとに，九つの気質の組み合わせから，「扱いやすい（easy）」子ども，「扱いにくい（difficult）」子ども，「時間のかかる（slow-to-warm-up）」子どもの三つのパターンに分類した[6]。「扱いやすい」子どもは新しい環境や経験に慣れやすく，睡眠や授乳などの生活リズムが安定し，感情や気分も安定しているなどの行動特徴を持つ。「扱いにくい」子どもは逆に，生活リズムが安定しにくく，感情や気分の起伏が大きく，新しい環境や経験に慣れにくいなどの特徴がある。また「時間のかかる」子どもは新しい環境に慣れるまでにある程度の時間を要し，全般的に活動性が低い傾向にある。

（3）親の養育スタイルと子どもの性格

　気質に加えて，子どもに接する親の行動パターンも，子どものパーソナリティの形成に影響を与えると考えられている。

　バウムリンド（Baumrind, D.）は子どもへの要求水準のレベルと感受性のレベルとの組み合わせから**親の養育スタイル**を四つに分類した（図8−2）[7]。

　一例として，「公園で自分の子どもがよその子どもからボールを無理やり取ってきてしまった」という場面について考えてみよう。それぞれの養育スタ

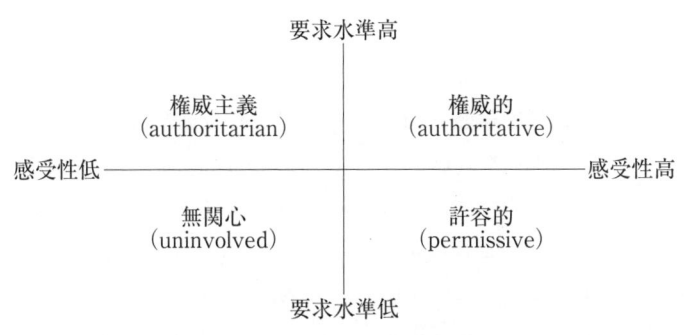

```
                    要求水準高
                        │
        権威主義       │      権威的
      (authoritarian)   │   (authoritative)
                        │
感受性低 ───────────┼─────────── 感受性高
                        │
         無関心         │      許容的
       (uninvolved)     │    (permissive)
                        │
                    要求水準低
```

図8−2　バウムリンドによる養育スタイルの分類
（Gurian（2007）の記述をもとに作成）

イルにおける典型的な親の行動は以下のようになる[7]。

・権威主義的な養育スタイルの親は，今すぐボールを返してくるよう，とにかく子どもに命令する。
・権威的な養育スタイルの親は，力ずくで人の物を奪ってはいけないことを子どもに言い聞かせ，一緒に遊ぶなどの適応的な解決手段を提案する。
・許容的な養育スタイルの親は，自分の子どもがボールで遊びたがっていることを理解するだけで，解決に向けた行動を積極的にとらない。
・無関心な養育スタイルの親は，とりたてて関心を示さないし，とりたてて何もしない。

こうした養育スタイルと，子どもの気質との組み合わせにより，子どものパーソナリティの形成も多様なものとなる。また，扱いにくい気質の子どもや時間のかかる気質の子どもであれば，同じ権威的な養育スタイルであっても，より時間をかけて子どもに接することで，子どもの行動は安定していく。

（4）集団生活の影響

子どもは成長するにしたがい，家族の外へとかかわる世界を広げていく。とりわけ友人関係の持つ意味は，年齢の上昇とともに大きくなっていく。

エリクソン（Erikson, E. H.）は児童期の**発達課題**として，**勤勉性**（initiative）の感覚を挙げている。これは集団内での健全な競争を通して，自分にさまざまな課題を成し遂げる力があるという感覚を身につけることを意味する。その感覚を安定して持つことができないと，子どもは周囲との比較の中でしか自分を評価できず，たとえば**劣等感**（inferiority）に苦しむことになる[8]。

したがって，児童期の発達課題の一つとして，肯定的な自己評価を形成することが挙げられる。心理学ではこの肯定的な自己評価を**セルフ・エスティーム**（self-esteem）と呼ぶ（**自尊感情**，あるいは**自尊心**とも訳される）。

セルフ・エスティームは，①「学力コンピテンス」（自分は勉強ができる），②「社会的承認」（自分は友だちに好かれている），③「行動上のふるまい」（自分は問題を起こさない），④「運動コンピテンス」（自分はスポーツが得

意），⑤「身体的外見」（自分は見た目がよい），の五つの次元からなる総合的な自己評価とされる[9]。

セルフ・エスティームの形成には，自らの力で課題を達成したという達成感と，周囲からの肯定的なフィードバック（賞賛など）がよい影響を与える。高いセルフ・エスティームを持つ子どもは，達成感や賞賛を求めて積極的に行動し，さらに自分のセルフ・エスティームを高めようと努力する傾向がある[9]。このことは，子どもは自ら積極的に環境を選びとっていく傾向を持つことを示している。そして行動の基礎となるパーソナリティも，自分にとって望ましい方向に変化させることができる。

2．パーソナリティの捉え方

（1）類型論と特性論
　パーソナリティをうまく説明するために，心理学者によりさまざまな理論が示されてきた。それらのパーソナリティ理論の多くは，**類型論**と**特性論**という二つの枠組みで理解することができる。
① **類型論**
　類型論はパーソナリティを全体としていくつかの**類型**（タイプ）に分類し，説明する立場である。その起源は古代ギリシャ時代のヒポクラテスやガレノスの体液説にさかのぼることができる。
　クレッチマー（Kretschmer, E.）や**シェルドン**（Sheldon, W. H.）は，体型（痩せ形，肥満型，闘士型）と性格の類型論を示した。また**ユング**（Jung, C. G.）は，「内向性」と「外向性」を主要な軸とした八つの心理学的類型を示した。
　類型論はパーソナリティを直感的に理解しやすいという強みがあるが，どの類型にもあてはまらない人や，複数の類型にあてはまる人も少なからずいる。
② **特性論**
　特性論は，パーソナリティを複数の**特性**（trait）からなる集合体としてとら

え，複数の特性の相互関係からパーソナリティを説明する立場である。

オールポート（Allport, G. W.）はパーソナリティを**共通特性**（同じ文化圏に所属する人びとに共通してみられる特性）と**個人特性**（個人に特有な特性）に分類し，パーソナリティを総合的に捉え，同じ基準で比較するための「心誌」を考案した[10]。

また，**アイゼンク**（Eysenck, H. J.）は，さまざまな具体的特性を個別的反応，習慣的反応，特性，類型という四つの**層構造**から捉え，「内向性─外向性」と「情緒不安定性（神経症的傾向）」の二つの基本因子を特定した（図8-3）[1]。

また，後に述べる**ビッグファイブ**も特性論に基づく理論である。

特性論はパーソナリティを複数の次元から多面的に理解できる強みがあるが，考慮に入れる特性の数が多くなればなるほど得られた結果も複雑になり，結果的にある程度の類型化が必要になることも多い。

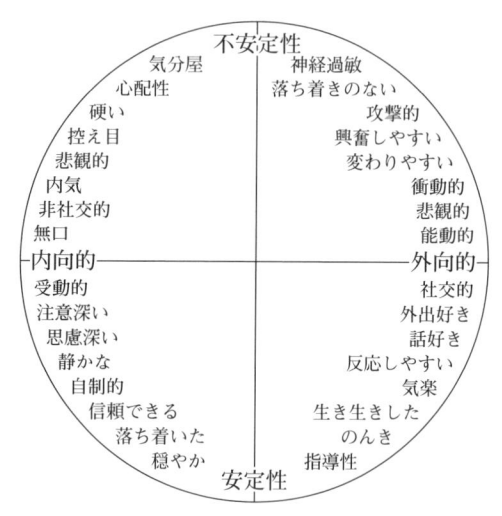

図8-3 アイゼンクの2因子モデル
（スミスら（2005））

（2）パーソナリティの測定

パーソナリティを理解し説明するための方法として，行動観察，面接，実験，特殊な事例の研究などの方法がある。それに加えて心理学では，直接には目に見えない「こころ」を扱う方法として，行動の頻度や個人の態度を数字に置き換えるものさしをつくり，そのものさしを使ってさまざまな人間の側面を測る方法が確立された。このものさしのことを**尺度**（scale），ものさしを使っ

て測ることを測定（measurement）という。

1）心理尺度を用いる方法（質問紙法）

心理尺度の多くは，パーソナリティのさまざまな側面を取り上げる質問文のリストとして作成される。そして多くの場合，質問のリストを印刷した紙（質問紙）を対象となる人に示し，回答を記入してもらう。

心理尺度は第7章で述べたように，**標準化**という作業により**母集団**内の各回答者の相対的な位置を知り，その結果を他の個人や集団と客観的に比較できるという利点がある。しかし，たとえば不安が高いことはわかっても何がどう不安なのかはわからないように，回答者の主観的な側面をつかむことは難しい。

a）ミネソタ多面式人格目録（MMPI）

MMPIはハザウェイ（Hathaway, S. R.）とマッキンリー（McKinley, J. C.）が開発した。550項目からなるMMPIは多数の尺度から構成されている（表8−2）。それぞれの尺度は，対象となる臨床的問題を持つ群とその問題を持たない群（統制群）との間で統計的有意差がみられた項目を集めてつくら

表8−2　MMPIの主要尺度

	尺度名	測定される内容
妥当性尺度	疑問尺度（？）	不決断や否定的態度（どちらでもないと回答した項目数）
	虚偽尺度（L）	人間の一般的な弱点を受け入れない傾向（社会的望ましさ）
	頻度尺度（F）	一般の考え方とのズレの程度，適応水準
	修正尺度（K）	自己開示と自己防御とのバランス
臨床尺度	第1尺度（Hs）	保守性，心理的側面の見えにくさ，身体的訴えによる場面回避
	第2尺度（D）	現状への不満，不適応感，抑うつ気分
	第3尺度（Hy）	ストレス対処（否認や抑圧の傾向）
	第4尺度（Pd）	他者や制度への反抗的傾向，主張性
	第5尺度（Mf）	役割に対する柔軟性，性役割観
	第6尺度（Pa）	対人関係での感受性（過敏性）
	第7尺度（Pt）	感情や気分の不安定さ
	第8尺度（Sc）	現実との接触の仕方，疎外感
	第9尺度（Ma）	活動性
	第0尺度（Si）	社会参加や対人関係を回避する傾向

（田中（1993）[11]の記述をもとに作成）

表8-3 ビッグファイブを構成する性格特性

性格特性	説　明
外向性（extraversion）	社交性や活発さにかかわる因子。精力的，冒険的，自己主張，おしゃべり好きなどの程度に反映される。
協調性（agreeableness）	他者との協調性や素直さにかかわる因子。温かさ，親切，気前のよさ，信じやすさなどの程度に反映される。
勤勉性（conscientiousness）	真剣さや統制にかかわる因子。几帳面さ，責任感，計画性，実際性などの程度に反映される。
情緒安定性（neuroticism）	感情や気分の安定性にかかわる因子。アイゼンクの言う神経症傾向に相当し，神経質，不安，嫉妬，落ち着きのなさなどの程度に反映される。
知性（intellect），または開放性（openness）	さまざまなものへの好奇心や興味にかかわる因子。思慮深さ，創造的，分析的，洗練さなどの程度に反映される。

（村上・村上（2001）[12]，Sigelman & Rider（2005）[9]をもとに作成）

れている。また，顕在性不安検査（テイラー不安検査，MAS）や自我強度尺度（Es）など，後の研究成果をもとに追加された尺度も多数ある[11]。

b）矢田部-ギルフォード性格検査（Y-G性格検査）

Y-G性格検査は，ギルフォード（Guilford, J.P.）の作成した性格検査をもとに，矢田部達郎らが考案・作成した。Y-G性格検査では12の性格因子を評価するとともに，それらの得点から五つの性格類型を評価する[11]。日本で現在用いられる最も歴史の古い性格検査の一つであるが，発表されてから年数が経過しており，再標準化の必要性も指摘されている。

c）ビッグファイブ

多くのパーソナリティ特性研究が行われる中，パーソナリティの個人差を構成する特性は五つであるという認識が，研究者の間で共有されるようになった。この性格特性を「ビッグファイブ」と呼び，研究者により五つの性格特性の呼び方は少しずつ違うが，おおむね表8-3のようにまとめられる[12]。

2）作業検査法

目的を知らせずに何らかの作業を課し，その作業状態や作業量などからパー

ソナリティの特徴を捉えようとする方法である。

a）内田クレペリン精神検査

内田クレペリン精神検査は，ドイツの精神科医**クレペリン**（Kraepelin, E.）の実験をヒントにして，**内田勇三郎**が考案した。ランダムに並んだ1桁の数字が規則正しく印刷された用紙を用い，隣り合った数字を順番に足して答えを書くことを繰り返す作業を，決められた手続きに従って行う[11]。

検査結果は知能，パーソナリティ，勤務成績等と関係があるとされ，教員採用試験でも適性検査として広く採用されてきた。しかし，回答者が意図的に結果を操作することも可能であり，有効性を疑問視する立場からの研究もある。

b）ベンダー・ゲシュタルト検査

ベンダー（Bender, L.）が考案した，9種類の幾何図形を順に模写する検査である。とりわけ器質的な問題を持つ人では，刺激図形と描かれた図形の間に大きなズレ（図形の接合や重なりを描けないなど）が現れやすいとされる[11]。他の検査との組み合わせ（**テスト・バッテリー**）の中で補助的に用いることが多い。

3）投影法

次のSCTの項で例を挙げて説明するが，**投影法**はさまざまに回答できる課題や状況に対してどのように対応するか，そこにその人らしさが反映されることを前提とした方法である。

投影法は結果を標準化することが難しく，**信頼性**と**妥当性**の面で安定した結果が得られないことが欠点とされる。しかし，尺度を用いた測定では得られない回答者の内面世界を理解する助けになるとして，臨床場面ではしばしば用いられている。

a）SCT：文章完成法（Sentence Completion Test）

SCTは書きかけの文章を刺激とし，その続きを考えてもらう方法である。

たとえば，「私の母は＿＿＿＿＿＿」という書きかけの文に対して，あなたはどのように回答するだろうか。

これが通常の会話で，「あなたのお母さんは？」と尋ねられたら，あなたは

「母の何を聞いているんですか？」と問い返すだろう。何を尋ねられているのかあいまいだからである。しかしあえてあいまいに課題を構成し，その課題への回答の仕方にパーソナリティが反映されると投影法では考える[13]。

SCTは使用者の目的によって項目を柔軟に作成することが可能であるが，それだけに結果の理解も使用者の焦点の当て方によって多様である[11]。

b) TAT：主題統覚検査（Thematic Apperception Test）

TATは1935年，マレー（Murray, H. A.）らにより発表された。いろいろに解釈できる場面を描いた絵画を20枚用い，どのような場面だと思うか，なぜこうなったと思うか，等の視点から物語をつくってもらう[11]。SCTと同様にその解釈法はさまざまである。また，児童用として，ベラック（Bellak, L.）が開発したCAT（Children's Apperception Test）がある。

c) ロールシャッハ・テスト

ロールシャッハ・テストは1921年，スイスの精神科医ロールシャッハ（Rorschach, H.）が発表した。10枚1組の左右対称のインクのシミを順番に提示して，何に見えるか，何に似ているかを問う。得られた反応は，図形のどこを用いたか（反応領域），図形の何を用いたか（決定因），正確に見られているか（形体水準），などの視点から整理される[14]。

また「包括システム」と呼ばれる，一般成人のデータから多くの指標の標準値を求めるという測定的アプローチもある。しかし，その標準データの信頼性に対する批判もあり，議論となっている[15]。

d) P-Fスタディ：絵画欲求不満テスト（Picture-Frustration Study）

ローゼンツヴァイク（Rosenzweig, S.）の開発したP-Fスタディは，欲求不満を起こさせる状況への対処行動であるアグレッション（aggression）の特徴を理解しようとする。24の対人関係場面を示す絵に対し，それぞれに「あなただったらどう答えますか」と回答を求める。回答は大きく九つの指標に分類され，各指標の量的関係を中心に解釈を行う[11]。

e）バウム・テスト（Baum Test）

バウム・テストはＡ４判大の用紙と鉛筆（４Ｂ程度）を用意し，１本の木の絵を描いてもらう方法である。描かれた木は，コッホ（Koch, C.）が整理した枠組みに基づき，発達的側面と空間的側面（木の描かれた位置や傾きなど）から解釈を行う[11]。短時間で簡便に実施できるためよく利用されるが，結果の解釈が主観的になりがちなきらいがある。

3．パーソナリティと教育方法の関係

セルフ・エスティームの項でみたように，パーソナリティは学習のあり方にも影響を与える。教授の方法や教師の態度が同じであっても，子どものパーソナリティによってその受け取り方は違う。逆に，子どものパーソナリティを理解し，それに応じた教育を行うことができれば，より高い教育効果が得られる可能性がある。

適性処遇交互作用（aptitude treatment interaction；ATI）は，パーソナリティの違いによって，子どもに適した教授方法に違いがあることを示す概念であり，「子どもの適性と教師の教授処理との間にある統計学的交互作用」と定義される。

ATIの一例として，心理学を受講する大学生を対象とした実験がある。まず性格検査により，学生を「体制順応型」と「独立自尊型」の二つの類型に分けた。次にそれぞれの群を半分に分け，「教員が決めた学習内容に従って学習する，構造化された教授スタイル」と，「学生の自主性・主体性を促す，構造化されていない教授スタイル」による授業に割り当てた。二つの授業の期末テストの成績を，性格類型によって比較したのが図８－４である[16]。この結果は，体制順応型の学生には教師がきちんと構造を決めた教授方法が合っているが，独立自尊型の学生には自主性を促す教授方法が合っているということを示している。

ATIは教育におけるさまざまな要因とパーソナリティの間に生じうる。ま

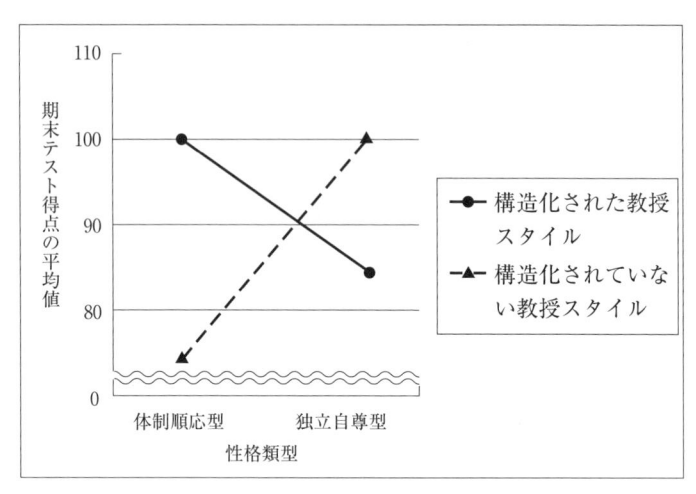

図8-4　適性処遇交互作用の例
（並木（1997）をもとに作成）

た家庭においても，たとえば子どもの気質と親の養育スタイルとの間には，ATIと同様の交互作用が観察される。

　ATIを理解することは，子どものパーソナリティを理解し，子どもを取り巻くさまざまな外的状況を理解した上で，その組み合わせの重要性を理解することである。それにより，子どもの個人差に応じたよりきめの細かい対応を検討し実践することにつながる。

4．適応と適応機制

（1）適応とは

　適応（adaptation）はもともと生物学の言葉であり，一言で言えば変化する環境に合わせて生き残っていくことである。では，人間にとっての適応とはどのようなことであろうか。

　人間が生きていくためには，個人が社会という環境と調和しながら自分らしく生きていくこと，すなわち個人の欲求と社会の欲求とのバランスが求めれ

る。個人の欲求として何を重視し，その欲求を満たすためにどのように行動するか，また社会が個人に向ける欲求（規範など）と自分の欲求にどう折り合いをつけるか。こうした適応のための営みにパーソナリティは関係する。

（2）欲　　求

欲求（need）は私たちの行動を導くものの一つである。先述したTATの考案者であるマレー（Murray, H. A.）は，人間の欲求を20に整理し，TATにみられる欲求の現れ方からパーソナリティを理解しようとした[17]。

また，人間性心理学の立場に立つマズロー（Maslow, A. H.）は，人間の欲求を，①生理的欲求（食欲，睡眠欲など，生命維持にかかわる欲求），②安全への欲求（生活を脅かされることなく安心して生きる欲求），③愛情と所属への欲求（社会に所属し他者と交わる欲求），④承認と尊重への欲求（社会の中で自分の存在を認める欲求），⑤自己実現の欲求（社会の中で自分自身を最大限に発揮する欲求），の五つに整理した。マズローは，自己実現の欲求などの高次の欲求が現れるためには，それに先立つ低次の欲求が満たされていることが必要であると述べている。

（3）葛藤と欲求不満

人間は一つの欲求だけに基づいて行動するわけではない。時には複数の欲求が同時に生じることもある。その複数の欲求がぶつかり合って緊張する状態を**葛藤**（conflict）という。**レヴィン**（Lewin, K.）は葛藤を，①接近―接近型（例：映画も見たいが勉強もしたい），②接近―回避型（例：映画は見たいが外出したくない），③回避―回避型（例：勉強はしたくないが悪い成績も取りたくない）の三つに分類した。三つ以上の欲求による場合など，さらに複雑なタイプの葛藤も私たちは体験する。

また，欲求が満たされないこともある。**欲求不満**（frustration）は，自分の欲求を満たすための能力や手段が欠如している場合，今までできていたことができなくなった場合，葛藤を体験している場合などに生じる。

（4）適応と適応機制

　適応というバランスをとるために，私たちはさまざまな葛藤や欲求不満に対応しようとする。そのために行われる試みを総称して**適応機制**（adjustment mechanism）と呼ぶ。適応機制は大きく以下の三つに分類される。

① **攻撃機制**：環境を直接的に操作しようと試みることによって，脅威と感じる事態を消去しようとする。典型的には，攻撃的行動などの形で現れる。

② **逃避機制**：環境とのかかわりから直接的に逃れることによって，脅威と感じる事態を回避しようとする。

③ **自己防衛機制**：表8－4に記すような種々の心的操作により，事態をやりすごそうとする。

（5）精神分析理論における防衛機制

　攻撃機制と逃避機制は動物の適応行動としても広く観察されるが，自己防衛機制は人間独自のものとされる。

　アンナ・フロイト（Freud, A.）は，父フロイト（Freud, S.）の理論をもとに，不安を感じる場面で**自我**が行う無意識的な営みとして**防衛機制**（defence mechanism）を整理した（表8－4）[18]。

　こうした防衛機制そのものは病的なものではない。しかし，用いられる防衛機制の種類やその使い方が偏る場合，あるいは個人のもつ防衛機制では手に負えないような環境の変化が起こった場合には，適応のバランスは不安定となり，**不適応**と呼ばれる行動が生じうる。

　不適応はしばしば個人の能力の欠如や未熟さとして理解されがちである。しかし，第10章で述べるような教育問題や，第11章で述べる発達障害の子どもにおけるさまざまな不適応の問題は，本人の能力やパーソナリティの問題としてのみ理解するのでなく，環境の問題と合わせて理解することが重要である。そうした理解が進むことにより，子どもの発達が促進されるとともに，私たちの社会も発達するのである。

表8-4 主な防衛機制

防衛機制	説明
抑圧 (repression)	自分の受け入れられない無意識的願望や不安が意識の領域に入ってこないよう無意識にシャットアウトすることで自らを守ろうとする。 例：思い出したくない体験を,「思い出せない」という形で体験する。
合理化 (rationalization)	自分の失敗や欲求不満を認められず,もっともらしい理由で正当化しようとする。 例：「負け惜しみ」。
退行 (regression)	現在の精神発達状態よりも以前の未発達な段階へと逆行することで,不安や葛藤に直面しないよう自らを守ろうとする。 例：「子ども返り」。
反動形成 (reaction formation)	不安や願望を意識として体験しないですむよう,その不安や願望と正反対の態度を強調する。 例：好きな人に,わざといじわるをしてしまう。
投影・投射 (projection)	自分の願望や不安を他者がもっているものと認知することで,自らの内側にある不安や葛藤に直面せずにすまそうとする。 例：自分が先生を嫌いだと感じていることを受け入れられず,「先生が私を嫌っている」という形で体験する。
取り入れ・摂取 (introjection)	外的対象の機能や表象を幻想的に取り込み,自分のものとしようとする機制。 例：超自我の形成においては親の価値や態度が取り入れられ,それが自我の一部へと内面化される。
同一化 (identification)	取り込んだ他人の態度や感情を自分自身のものとしてふるまう機制。 例：思春期によくある同一化として,あこがれのスターの態度をそっくりまねようとする。
隔離 (isolation)	思考とその背景にある感情とのつながりや,関連のある表象や行為の間にある意味的なつながりを切り離すことにより,不安や無意識的願望を意識化しないですまそうとする。 例：「本音と建て前」。
打ち消し (undoing)	直前の行為や思考にともなう不安や罪悪感を,その行為や思考と正反対の行動をとることで消そうとする。 例：暴力を振るった相手に,急に優しくする。
衝動の自己自身への向け換え (turning the impulse against the self)	不安や罪悪感から逃れようとして,行動の対象が他者から自己へと置き換えられる。 例：対象に向けていた愛情を自分自身に向け,自分自身を愛情の対象とする。
転倒 (reversal)	不安や罪悪感から逃れようとして,行動が正反対のものに置き換えられる。 例：愛していた対象を突然憎しみの対象として扱う。
昇華 (sublimation)	充足不可能な無意識的願望が放棄され,現実的に有用な目標に置き換えられる。 例：失恋した経験や挫折した経験を小説や歌にして置き換え,小説家や作詞家になる。

(フロイト, A. (1958)[18], 氏原ら編 (1992)[19]を参考に作成)

■引用文献

1) スミス, E. E. ほか, 内田一成監訳：第14版ヒルガードの心理学, ブレーン出版, 2005
2) テオプラストス, 森進一訳：人さまざま, 岩波書店, 1982
3) プロミン, R., 安藤寿康・大木秀一訳：遺伝と環境, 培風館, 1994
4) 安藤寿康：心はどのように遺伝するか, 講談社, 2000
5) 木島伸彦：Cloninger のパーソナリティ理論の基礎, 季刊精神科診断学, 11(4), pp. 387-396, 2000
6) チェス, S. & トマス, A., 林雅次監訳：子供の気質と心理的発達, 星和書店, 1981
7) Gurian, A.：Parenting Style / Children's Temperaments：The Match, NYU Child Study Center, 2007<http://www.aboutourkids.org/aboutour/articles/parentingstyles.html>
8) エリクソン, E. H., 仁科弥生訳：幼児期と社会（1・2）, みすず書房, 1977
9) Sigelman, C. K., & Rider, E. A.：Life-Span Human Development (5th ed.), Thomson Wadsworth, 2005
10) オールポート, G. W., 詫間武俊ほか訳：パーソナリティ, 新曜社, 1982
11) 上里一郎監修：心理アセスメントハンドブック, 西村書店, 1993
12) 村上宣寛・村上千恵子：主要5因子性格検査ハンドブック, 学芸図書, 2001
13) 辻 悟ほか：「SCT」（井村恒郎ほか編：異常心理学講座2 心理テスト）, pp.309-344, みすず書房, 1966
14) 石橋正浩：「ロールシャッハ検査法」（中田行重・串崎真志編：研究論文で学ぶ臨床心理学）, pp.95-109, ナカニシヤ出版, 2006
15) ウッド, J. M. ほか, 宮崎謙一訳：ロールシャッハテストはまちがっている, 北大路書房, 2006
16) 並木博：個性と教育環境の交互作用, 培風館, 1997
17) マレー, H. A. 編, 外林大作訳編：パーソナリティ（全2巻）, 誠信書房, 1961
18) フロイト, A., 外林大作訳：自我と防衛, 誠信書房, 1958
19) 氏原寛ほか編：心理臨床大事典, 培風館, 1992

第Ⅱ部 授業の構築と学級経営における教育心理学

第9章
学級集団

1. 学級集団とは

(1) 学級集団の特徴

　学校において，学習指導や生活指導が行われる基本的な単位が**学級集団**である。それぞれの学級集団には**学級文化**といわれるような特有の雰囲気や風土があり，これらが教師や子どもたちの学級におけるふるまい方や関係性，さらには，学習活動などに影響を及ぼす。さらに，このような学級集団特有の雰囲気や風土は，①教師のパーソナリティや指導方法，目標とする子ども像や学級集団のあり方といった教師個人の要因，②子どもたちのパーソナリティや発達段階，教師に対する要求といった子ども個人の要因，③教師と子どもたちとの関係性，④子どもたち同士や小グループ間の関係性などさまざまな要因の影響を受けながら形づくられていくと考えられる。加えて，学校全体としての教育方針や学級編成の仕方，学級運営に関する支援体制や各教師間の連携といった学校の特徴も，学級集団のあり方やその雰囲気に影響を及ぼすだろう（図9－1）。

　それでは，学級集団はどのような特徴を持つのであろうか。学級集団の特徴として表9－1に示す3点が挙げられている[1]。通常の学級集団は同年齢の子どもたちと1人もしくは複数の教師から成り立っている。子どもたちとは異なる能力や権限を持つ教師は，学級集団を導く者として，自身の教育観や教育目標に基づきながら学習指導や生活指導を行う役目を担う。一方，このような教師の指導を通して，さらには学級集団内での活動や他の子どもとのやりとりを通して，子どもたちの知的発達や人格形成が促される。

〈学校〉
学校の特徴

〈学級〉
学級集団の雰囲気・風土

① 教師個人の要因
② 子ども個人の要因
③ 教師と子どもたちとの関係性
④ 子どもたち同士や小グループ間の関係性　など

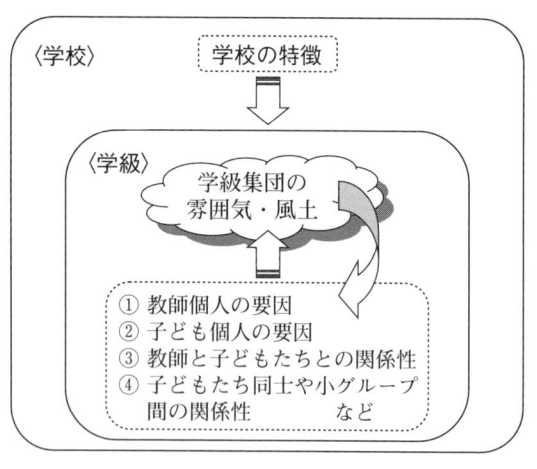

図9-1　学級集団の雰囲気・風土に影響を及ぼすさまざまな要因

表9-1　学級集団の特徴

1　集団構成メンバー	学級は子ども集団のみで成立するのではなく，その集団を率いる教師の存在がなくてはならない。教師は教育制度によって公的に認められており，年齢・経験・全般的な知的能力・学級運営上の権限などの面で子どもたちと大きな違いがある。
2　集団の目標	学級の目標は，集団そのものではなく，集団の発達を通したそれぞれの子どもたちの成長に向けられている。すなわち教師の指導のもとに，共有課題を集団でともに学び，作業することを通して子どもたちの人格形成および知的発達を促すことが最終目標である。
3　集団の継続時間	学級はそのほとんどの場合が1，2年の周期でその集団の解散・形成をくり返す。このような時間的な特徴によって集団の活動全般が大きな制約を受ける。そして，集団をどのように解散させるのかということが教師の課題となる。

（蘭（1996）をもとに作成）

（2）学級集団の発達

　年度はじめに新たに形成された学級集団は，その解散に至るまで日々の学校生活の中で変化・発達していく。教師は学級集団のどのような変化を目指すのか，そして，最終的にはどのような形で学級集団を解散させるのかを念頭に置きながら学級運営を行っていく必要がある。表9－2に，①学級集団が子どもたちにとって所属したいと思い，行動や態度の拠り所となるような集団（**準拠集団**）になること，そして，②子どもたちが主体性を確立することの2点を目標とした学級集団の発達過程を示した[1]。初期の段階では，学級生活上の基本的なルールの確立と仲間づくりを通して，子どもたちの間で安定した関係づくりがなされる。次の段階では，学級全体の目標ができ，それにともなって学級集団において暗黙に守ることが求められるルール（**学級規範**）など集団の基礎が形づくられていく。さらに学級規範の確立や他の学級との比較を通して，その学級特有の雰囲気がつくられると同時に，学級への帰属意識が高まり準拠集団化が進む。そして，最終的には，学級規範と子ども自身が持つ行動規範を統合する形で子どもたちが自立していくことが目指される。また，このような発達の過程では，学級集団の主導権や意思決定を教師から子ども集団，さらには個々の子どもへと移していくことが目指される。

表9－2　学級集団の発達

発達区分	内　容
1　探り合い	子どもたちの間で安定した関係が構築される。
2　対立・葛藤の克服と集団の基礎づくり	教師の要求と子どもたち個々人の要求との間の葛藤を克服することを通して学級目標が形成される。そして，それにともなって役割の構造化，集団規範などの集団の基礎がつくられる。
3　学級のアイデンティティの確立	学級目標の達成，集団規範の確立や他学級との比較などにより，その学級特有の雰囲気が形づくられる。
4　相互啓発	相互の信頼・受容が増大することによる学級くずしと子どもたちの学級からの自立が図られる。

（蘭（1996）をもとに作成）

2．教師が学級集団に及ぼす影響

(1) 教師の期待が学級集団に及ぼす影響

　教師が学級全体や個々の子どもたちに対してどのような期待を持つかは，その教師の学級での行動や個々の子どもたちに対するかかわりに影響を及ぼし，その結果，学級集団や個々の子どもたちに変化をもたらす。たとえば，ローゼンサールとジェイコブソン（Rosenthal, R. & Jacobson, L.）の実験によると，特に小学校低学年において，教師が知的な能力が高くなると期待していた子どもたちは他の子どもたちに比べて学年末の知的能力がより高くなっていた。このように，教師の期待と同じ方向に子どもたちの学業成績や行動が変化することを，**教師期待効果**またはギリシャ神話に出てくる王様の名前をとって**ピグマリオン効果**（第1章でも記した）と呼ぶ。この現象と関連して，図9-

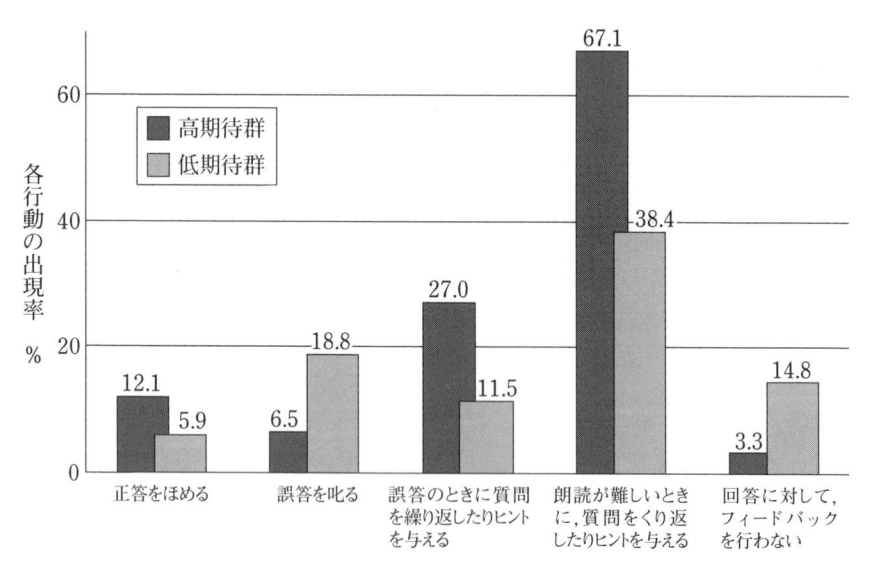

図9-2　期待が高い子どもたちと低い子どもたちに対する教師の反応
（ブロフィ&グッド（1985）をもとに作成）

2に示すように期待が高い子どもに対してと期待が低い子どもに対してでは，たとえこれらの子どもたちが同じ行動を示していても教師の反応が異なることが明らかとなっている[2]。

(2) 教師のあり方が学級集団に及ぼす影響

学級集団に影響を及ぼす教師のあり方の一つに，教師の**リーダーシップ**が挙げられる。この点についてはPM理論に基づいた検討が行われている。PM理論とは，リーダーシップ行動を，集団の目標達成を促す行動（P行動＝Performance）と集団の維持を促す行動（M行動＝Maintenance）という二つの次元を組合せた四つのタイプで理解するものである（表9－3）。教師の学級におけるリーダーシップについては，授業の受け方や生活・学習に関する規律を厳しく指導したり，熱心に学習指導を行うといった行動がP行動にあたり，個々の子どもたちに配慮し学級内での緊張をなくそうとしたり，子どもたちが教師のことを身近に感じ，親しみを持って接することができるように心がけるといった行動がM行動にあたる。そして，子どもたちが教師のことをP行動もM行動もどちらも強いPM型リーダーだと感じている場合は，子どもたちの学級生活に対する満足感が高く学級集団にまとまりがあると感じていることが明らかとなっている[3]。

また，教師のあり方の中には比較的早い段階から学級集団に影響を及ぼすものもあれば，教師が一貫した態度をとり続けることで徐々に学級集団に影響を及ぼすものもある。たとえば，1学期の子どもを受容し親近感を感じさせる教師のあり方（「受容・親近」）や子どもたちに罰を感じさせる教師のあり方（「罰」）が，1学期の学級集団の雰囲気に影響を及ぼしていた。一方，1学期の客観的な視点や自信を持って子どもに接する教師

表9－3　リーダーシップ行動の四つのタイプ

		集団維持の促進 （M行動）	
		強い(M)	弱い(m)
集団目標達成の 促進（P行動）	強い(P)	PM	Pm
	弱い(p)	pM	pm

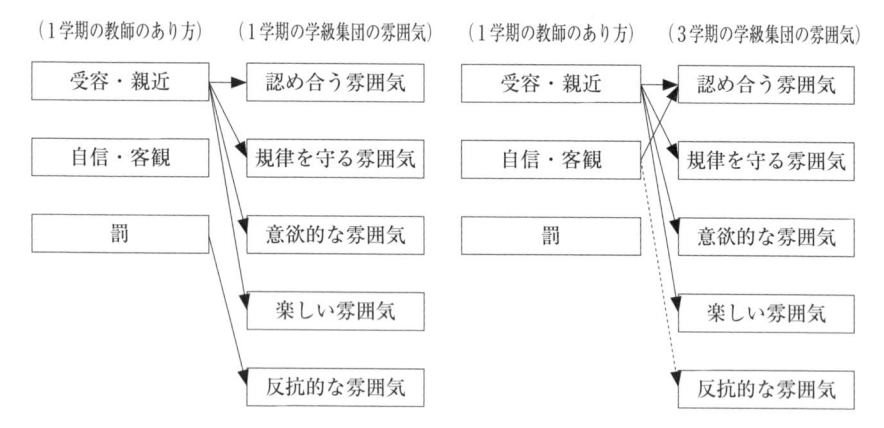

（1学期の教師のあり方）　（1学期の学級集団の雰囲気）　（1学期の教師のあり方）　（3学期の学級集団の雰囲気）

受容・親近	→	認め合う雰囲気		受容・親近	→	認め合う雰囲気
自信・客観	→	規律を守る雰囲気		自信・客観	→	規律を守る雰囲気
罰	→	意欲的な雰囲気		罰	→	意欲的な雰囲気
		楽しい雰囲気				楽しい雰囲気
		反抗的な雰囲気				反抗的な雰囲気

※　実線は，教師のあり方が学級集団の雰囲気を高める方向に，点線は，教師のあり方が学級集団の雰囲気を低める方向に影響を及ぼすことを意味する。

図9-3　教師のあり方が学級集団の雰囲気に及ぼす影響
(三島・宇野（2004）をもとに作成)

のあり方（「自信・客観」）は，1学期のクラスの雰囲気には影響を及ぼさないものの，年度末の3学期の学級集団の雰囲気に影響を及ぼすことが明らかとなっている（図9-3）[4]。

3．学級集団を捉える方法

　学級集団を捉える方法としては，学級集団の様子を見る「観察」や子どもたちから話を聞く「面接」といった方法に加えて，テストや質問紙を子どもたちに実施するという方法もある。テストや質問紙を実施することで，学級集団について見落としていた情報や子どもたちからは直接聞き出しにくい情報を得ることができる。また，学級集団の変化を客観的に理解することもできるだろう。そこで，ここでは学級集団を捉えるためのテストや質問紙をいくつか紹介していく。

(1) ソシオメトリックテスト

ソシオメトリックテストとは，学級における子どもたちの交友関係から学級集団を捉える方法であり，**モレノ**（Moreno, J. L.）によって考案された。このテストは，勉強や遊びといった特定の活動を行う場合に，一緒に行いたい（選択）子どもや一緒に行いたくない（排斥）子どもを答えさせるものである（図9－4）[5]。そして，このテストの結果をわかりやすく表にしたものが**ソシオマトリックス**であり，図にまとめたものが**ソシオグラム**である。ソシオメトリックテストを行うことで，多くの子どもに好かれている子ども（スター）や嫌われている子ども（排斥児），さらには，他の子どもたちから好かれても嫌われてもいない子ども（孤立児）など，子どもの学級集団における交友関係を明らかにすることができる。また，相互選択の数やその結びつきによって学級のまとまり具合や学級における交友関係の構造を理解することができる。しかし，実施に際しては，個々の子どもたちに好きな子どもや嫌いな子どもの名前

おともだちしらべ
（　）月（　）日（　）くみ　なまえ（　　　　　　　　）男・女
① あなたは勉強するときに，いっしょにやりたくない人がいますか。
　もしいたら，きらいな順に5人名前を書いてください。

きらいな人の名前	きらいなわけ

② あなたは勉強するときに，いっしょにやりたいと思う人がいますか。
　もしいたら，すきな順に5人名前を書いてください。

すきな人の名前	すきなわけ

図9－4　ソシオメトリックテストの例（田中（1980）をもとに作成）

を挙げさせることの倫理的な問題を十分に考慮する必要がある。また，テストを実施した結果，個々の子どもたちが自分の好きな子どもや嫌いな子どもを明確に意識したり，他の子どもの答えに関心が向くことも考えられる。したがって，このテストを実施する際には，①テストを実施する必要性があるのか，②テストを行った結果個々の子どもたちや対人関係にどのような影響が及ぶのかといった点について十分な配慮が必要になる。

なお，ソシオメトリックテストと同様に，特定の子どもの名前を挙げさせるテストに**ゲス・フーテスト**がある。このテストでは，「だれに対しても親切な人はだれでしょう」などのように，具体的な行動や性格を提示し，それに当てはまる子どもの名前を挙げさせるものである。どのような行動や性格を提示するかは，目的に応じて教師が決めることができる。このテストをソシオメトリックテストとともに行うことで，学級集団についてより細かな情報が得られる。たとえば，多くの子どもに好かれている子どもや嫌われている子どもについて，他の子どもたちはその子どもの性格や行動をどのように捉えているのかといったことも知ることができるだろう。ゲス・フーテストはソシオメトリックテストのように好き・嫌いを直接尋ねるものではない。しかし，このテストにおいても，とりわけ望ましくない行動や性格について特定の子どもの名前を挙げさせる場合には，十分な配慮が必要になるだろう。

（2）楽しい学校生活を送るためのアンケートQ-U

楽しい学校生活を送るためのアンケートQ-Uは「いごこちのよいクラスにするためのアンケート（学級満足度尺度）」と「やる気のあるクラスをつくるためのアンケート（学校生活意欲尺度）」の2種類の質問紙でできている。「いごこちのよいクラスにするためのアンケート」では，図9-5のグラフに個々の子どもたちの結果を記録し，それらがどのように散らばっているかを見ることで学級集団の状態について理解することができる[6]。図9-5のグラフにある承認得点は自分の存在や行動が他の子どもたちや教師から認められ受け入れられていると感じている程度を示す。そして，この得点の高い子どもが多い学

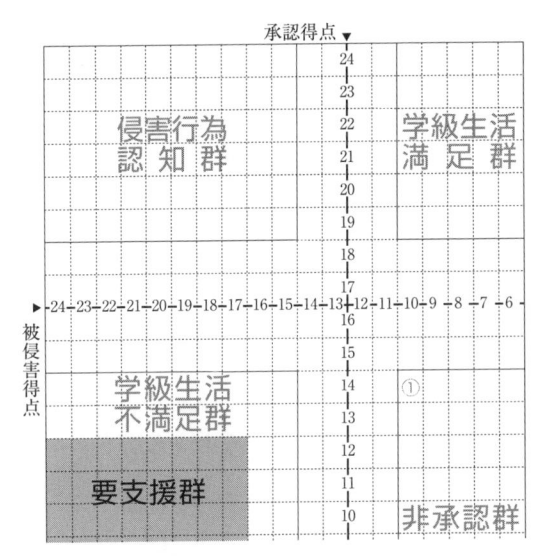

図9-5 「いごこちのよいクラスにするためのアンケート」の
結果をまとめるためのグラフ （河村（2006）より引用）

級集団は，親和的な集団であると理解することができる。また，被侵害得点はいじめやひやかしなどの対人的なトラブルに巻き込まれていると感じている程度を示す。そして，この得点の高い子どもが多い学級集団は，学級内での対人関係や集団生活についてのルールが十分に定着していないと理解することができる[6]。

4．学級がうまく機能しない状況

（1）学級崩壊とは

　学級がうまく機能しない状況として，いわゆる**学級崩壊**の問題が挙げられる。学級崩壊とは，「子どもたちが教室内で勝手な行動をして教師の指導に従わず，授業が成立しないなど，集団教育という学校の機能が成立しない学級状態が一定期間継続し，学級担任による通常の手法では問題解決ができない状態に立ち至っている」現象のことである[7]。つまり，「教師の指導を受け入れな

い」,「授業中に教室の中を立ち歩く」,「集団で教室を飛び出し, いつまでたっても戻らない」,「机をひっくり返したり, 他の子どもに暴力をふるう」などの行為を子どもたちが繰り返し, 学級内での指導が困難な状況にあること, さらに, このような状況がしばらく続き教師がその対応に苦慮している状態のことである。また, このような状況が, 通常すべての授業を1人で担当し他の教師からの助言や援助を受けにくい小学校でより深刻な問題であることをふまえ, 学級崩壊を小学校特有の問題として考える場合もある[8]。

(2) 学級崩壊を生じさせるさまざまな要因

　学級崩壊はどのようなことが要因となって生じるのだろうか。学級集団を構成する子どもたちや教師にかかわる要因としては, ①子どもの社会性の問題, ②特別な教育的配慮や支援を必要とする子どもへの対応の問題, ③学級担任の指導力の問題の3点が挙げられる。さらに, ④学校内での教師間の連携・協力体制や校長・教頭のリーダーシップの不十分さといった学校体制の問題, ⑤家庭とのコミュニケーション不足や信頼関係が築けていないといった家庭との連携に関する問題などが教師や子どもたちを取り巻く要因としてあるだろう。そして, これらの要因のいくつかが絡み合って学級崩壊を生じさせ, 解決を困難にしていると考えられる[7]。

(3) 小1プロブレム (小1問題)

　図9-6に示したように低学年と高学年では学級崩壊の内容が異なることが指摘されている[8]。低学年でもとりわけ小学1年生の学級において, 入学直後から学級崩壊が生じる現象が, 小1プロブレム (小1問題) として近年問題視されている。この問題の背景には, ①入学した子どもたちが小学校での学級環境や新たな対人関係, さらには授業の受け方や授業内容に適応できないこと, ②子どもたちの基本的生活習慣や対人関係に関する能力が十分に育っていないことなどがあると考えられる。したがって, 小1プロブレムは小学校だけが関係する問題ではなく, 就学までの子どもたちの生活や幼稚園・保育所から小学

```
        低学年        中学年        高学年
```

- 自己中心的・衝動的パニック現象
- コミュニケーション不足
- 基本的生活習慣の欠如
- "崩壊"よりも集団性の未成熟状態

- 教師への不満・怒り
- 学習からの逃避
- 思春期ストレス（自立への不安）
- ピア・プレッシャー（同調圧力）
- 担任いじめの構造

図9-6　学年による学級崩壊の内容の違い
(尾木（1999）をもとに作成)

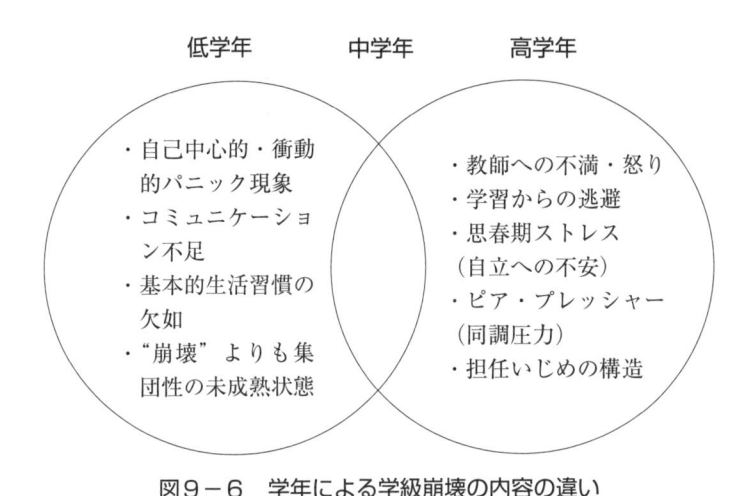

校への移行の難しさも関係する問題といえる。そのため，保育者と教師の間で研修会を行ったり情報交換をするなど，小学校と幼稚園・保育所との連携体制を強化することが小1プロブレムへの対応として必要になる。

5．学級をまとめるための教育プログラム

学級崩壊の問題などを背景にして，学級集団をまとめ学級崩壊を予防するための教育プログラムがいくつか提案されている。ここではその中から**構成的グループエンカウンターとソーシャルスキル教育**について紹介する。

（1）構成的グループエンカウンター

構成的グループエンカウンターでは，集団で何らかの活動を行い（エクササイズ），そこで感じたことや考えたことを伝え合い分かち合うこと（シェアリング）を通して，行動の変化や人間的な成長を目指す。学級集団内では，子どもたちの自己理解・他者理解を深めることや自己肯定感を高めること，他者との信頼し合える人間関係づくりなどを目指して，この活動を行うことができ

る。その際，教師はリーダーとなってエクササイズやシェアリングが効果的に進むよう内容を計画し，実施において導入や介入を行う。表9－4[9)]に示すように，エクササイズをゲーム性のある内容や楽しめる内容にすることで子どもたちの参加を促すことができる。ただし，エクササイズはあくまでシェアリングを導くための活動であることを念頭に置いて活動を計画，実施していく必要がある。

　構成的グループエンカウンターでは，グループのルールやグループの大きさ，エクササイズを行う時間などがあらかじめ明確に決められ，その枠の中で活動が行われる[10)]。したがって，学級集団がうまく機能しておらず，集団活動を一定の枠の中で行うことやシェアリングが困難な状態にある場合は，活動を行っても十分な効果が得られない。また，シェアリングの結果，傷ついてしまった子どもたちや，自己理解が深まったために一時的な混乱を示す子どもたちへの配慮が必要になるといえよう。

表9－4　学級における構成的グループエンカウンターのエクササイズの例
＜安定しているクラスをよりよいクラスに育てるためのプログラム＞

エクササイズ	内　容
①カモーン	他チームのリーダーとジャンケンして負けたときに，仲間を「カモーン！」と呼んで助けを求める。仲間は，1列に前の人の肩につかまりいも虫状態で助けに行く。
②いいとこさがし	グループやクラス全体で，互いのよいところを出し合い認め合う。
③集団絵画	グループで模造紙に絵を描く。テーマを決めて，しゃべらないで互いの絵を描くのを見ながら折り合いをつけたり，主張しあったりして，1枚の作品を完成させていく。
④くまがり	クマ，キジ，キツネの3すくみの鬼ごっこ（クマはキツネを，キツネはキジを，キジはクマを捕まえる）。

（岸田（2004）より引用）

（2）ソーシャルスキル教育

　ソーシャルスキルとは人と人とのかかわりを形成し維持するための具体的スキルのことである[11]。そして，ソーシャルスキル教育とは，学級生活で必要なソーシャルスキルを授業や学級生活の中で教師が子どもたちに教えるプログラムのことである（表9-5）。ここでは，子どもたちがソーシャルスキルについて理解するだけでなく，学級生活の中で体験学習をくり返し行うことで着実に身につけていくことが目指される[12]。

　ソーシャルスキル教育を行うことによって，学級集団内での人間関係のトラブルを防止することができる。また，全員で同じソーシャルスキルを学ぶことになるため，子どもたち個々人にとって学級集団内でどのようにふるまったら

表9-5　学級生活で求められるソーシャルスキルの例

4・5月		1・2・3月
●▲◆ 「おはよう」「さよなら」という基本的なあいさつをする	●	相手に迷惑がかからないように頼む
●▲◆ 何か失敗したときに「ごめんなさい」と言う	●	相手を傷つけない方法でできないことを断る
●▲◆ 何かしてもらったときに「ありがとう」と言う	●▲◆	自分がしてもらいたいことを友達にしてあげる
●▲◆ みんなで決めたルールを守る	●▲◆	リーダーシップをとってアイデアを出す
●▲◆ 相手に聞こえるような声で話す	●▲◆	班や係のリーダーに積極的に協力する
▲◆ 係の仕事は最後までやりとげる	▲	自分だけ意見が違っても自分の意見を言う
◆ 友達が話しているときはその話を最後まで聞く	▲	ほかの人に左右されないで自分の考えで行動する
◆ 友達のまじめな話は冷やかさないで聞く	▲◆	友達が悩みを話してきたらじっくり聞く
◆ みんなと同じくらいに話す	◆	意見が対立したら折り合い点を探す

●：小学校低学年／▲：小学校中学年／◆：小学校高学年
（河村・品田・藤村（2007）をもとに作成）

よいかが明確になると同時に，他の子どもたちの適切なふるまいを認め合うことができるようになる[12]。ただし，状況の理解が困難な子どもたちや，行動や情動のコントロールが困難な子どもたちにとっては，ソーシャルスキル教育を通してソーシャルスキルについての理解とある程度の習得がなされていたとしても，その内容を学級生活の中で適切に発揮できないことも考えられる。したがって，ソーシャルスキル教育の評価を行う際には，学習されたソーシャルスキルがその学習場面だけではなく子どもたちの学級生活全体の中でどれだけ活かされているかという点を念頭におく必要があるだろう。

以上，学級をまとめるための教育プログラムを2種類紹介した。これらのプログラムを具体的にどのような内容で行うかは，その時の学級集団の状態に応じて柔軟に決めなければならない。また，プログラム終了後にはその効果を評価する必要がある。したがって，プログラムを行う前後で学級集団の状態を把握することが大切となる。その際，本章の「3．学級集団を捉える方法」で述べた方法を利用できるだろう。また，これらのプログラムは第10章で述べるいじめ，不登校，暴力行為への対応方法としても利用できるものである。

■引用文献

1) 蘭千壽：「教師の学級づくり」，（蘭千壽・古城和敬編：教師と教育集団の心理，第3章），pp.77-128，誠信書房，1996
2) ブロフィ，J．E．＆グッド，T．L．，浜名外喜男・蘭千壽・天根哲治訳：教師と生徒の人間関係―新しい教育指導の原点―，北大路書房，1985
3) 三隅二不二・矢守克也：「中学校における学級担任教師のリーダーシップ行動測定尺度の作成とその妥当性に関する研究」，教育心理学研究，37，pp.46-54，1989
4) 三島美砂・宇野宏幸：「学級雰囲気に及ぼす教師の影響力」，教育心理学研究，52，pp.414-425，2004
5) 田中熊次郎：増訂　ソシオメトリーの理論と方法―人間教育の集団心理学的基礎技術の研究―，明治図書出版，1980

6）河村茂雄：学級づくりのためのＱ－Ｕ入門，図書文化社，2006
7）学級経営研究会：学級経営をめぐる問題の現状とその対応—関係者間の信頼と連携による魅力ある学級づくり—，文部省委嘱研究（平成10・11年度）学級経営の充実に関する調査研究（最終報告書），2000
（文部科学省ホームページ http://www.mext.go.jp/b_menu/houdou/12/05/000506.htm）
8）尾木直樹：「学級崩壊」をどうみるか，日本放送出版協会，1999
9）岸田幸弘：「構成的グループ・エンカウンター」，（諸富祥彦・今田里佳・土田雄一編：クラスの荒れを防ぐカウンセリング），pp.82-86，ぎょうせい，2004
10）國分久子：「なぜいまエンカウンターか—カウンセリングを超えるもの—」，（國分康孝他著：エンカウンターとは何か—教師が学校で生かすために—，第1章），pp.13-54，図書文化社，2000
11）小野昌彦：「ソーシャルスキルトレーニング」，（諸富祥彦・今田里佳・土田雄一編：クラスの荒れを防ぐカウンセリング），pp.87-94，ぎょうせい，2004
12）河村茂雄・品田笑子・藤村一夫編著：いま子どもたちに育てたい学級ソーシャルスキル　小学校低学年，図書文化社，2007

第Ⅲ部　諸問題に対する教育心理学的アプローチ

第10章
不登校・いじめ・暴力行為

1. 不登校

(1) 不登校の歴史と定義

　不登校は，当初，ジョンソン（Johnson, A. M.）らによって1941（昭和16）年に学校恐怖症（school phobia）と名づけられ，子どもの神経症の一種とされた。その主な原因として，母子間の分離不安が考えられた。日本では1960（昭和35）年頃から注目されはじめた。1970年代以降は「学校」に「恐怖」を抱いているのではない場合もあることから，「登校拒否」という概念に変遷し，学校の病理や教育の問題として捉えられるようになった[1]。「登校拒否」の「拒否」という言葉は，「反学校的」な意味合いが強い。しかし，実際の子どもの現象として「行きたいけど行けない」という場合もみられるため，「学校に行かない」という状態像だけを示す「不登校」という用語が用いられるようになった[2]。

　「不登校」とはどのような状態であろうか。文部科学省では「何らかの心理的，情緒的，身体的，あるいは社会的要因・背景により，児童生徒が登校しないあるいはしたくともできない状況にあること（ただし，病気や経済的な理由によるものを除く）」と定義され，不登校を理由に30日以上欠席した児童生徒とされている。1998（平成10）年度までは，「学校嫌い」を理由として，年間に50日以上欠席した長欠児童生徒とされていた。しかし，実態にそぐわないとの理由で，1999（平成11）年度の学校基本調査から「不登校」と名称を改めるなどの変更がなされた[3]。

欠席した日数は便宜上の基準であり，統計的に不登校に入らないが，潜在的に不登校状態にある児童生徒が存在している。たとえば，2005（平成17）年度には，後で述べる**教育支援センター（適応指導教室）**に通った１万5,799人の児童生徒のうち１万2,249人が指導要録上「出席扱い」となっている[3]。

（2）不登校の現状

表10－１は，2001（平成13）年度から2005（平成17）年度までの不登校児童生徒数の人数を示している。1999（平成11）年度に不登校の児童生徒は13万人を超え，2001（平成13）年度に13万8,722人となり，過去最高になった。その後は，減少傾向となり，平成17年度では約12万２千人に減少している。学年別に不登校児童生徒数をみると，小学１年生から中学３年生まで学年とともに増加し，中学３年生で最も多くなる[3]。

表10－１　最近の不登校児童生徒数の推移(人)

年　度	小学生	中学生	合　計
2001年度	26,511	112,211	138,722
2002年度	25,869	105,383	131,252
2003年度	24,077	102,149	126,226
2004年度	23,318	100,040	123,358
2005年度	22,709	99,578	122,287

（3）不登校のきっかけと原因

「不登校に陥った直接のきっかけ」の調査結果では，その原因として大きく「本人の問題」，「家庭生活」，「学校生活」の三つに分類している。2005（平成17）年度の小学生の場合「本人の問題」36.4％，「家庭生活」27.3％，「学校生活」21.2％という順になっているが，中学生の場合，「学校生活」39.0％，「本人の問題」37.0％，「家庭生活」16.2％となっている[3]。

不登校にはさまざまな要因が関係していると考えられている。一般的に不登校の子どもは自己肯定感や自尊感情が低く，自信が欠如し，困難な状況に耐える力である耐性が欠如しているといわれている。

小学校低学年では，集団生活や規則的な生活になじめないこと，家庭での親子関係の問題も環境的な背景要因として考えられる。極端な内向性や自己主

張・自己表現が苦手であるなどの性格やその性格に起因する人間関係の問題,いじめなども関係している。場合によっては,第11章で述べる発達障害の**二次的障害**による場合もある。

そして,小学校から中学校へ学年があがるにつれて授業内容が難しくなり,学業の問題や入学試験による競争も社会的な要因として考えられる。さらに中学生や高校生になると,自分のもつ価値観や自己主張が原因となって不登校になることがある[4]。

表10－2は,2005（平成17）年度の「不登校状態が継続している理由」の調

表10－2　不登校状態の継続理由とその人数（2005（平成17）年度）

（　）内は割合

理由	具体例	小学校	中学校
学校生活上の影響	いやがらせをする生徒の存在や,教師との人間関係等,明らかにそれと理解できる学校生活上の影響から登校しない（できない）。	1,182 (5.2)	7,348 (7.4)
あそび・非行	あそぶためや非行グループに入ったりして,登校しない。	134 (0.6)	9,545 (9.6)
無気力	無気力でなんとなく登校しない。登校しないことへの罪悪感が少なく,迎えにいったり強く催促したりすると登校するが長続きしない。	4,651 (20.5)	22,702 (22.8)
不安などの情緒的混乱	登校の意志はあるが身体の不調を訴え登校できない。漠然とした不安を訴え登校しない等,不安を中心とした情緒的な混乱によって登校しない（できない）。	8,226 (36.2)	29,951 (30.1)
意図的な拒否	学校に行く意義を認めず,自分の好きな方向を選んで登校しない。	826 (3.6)	5,218 (5.2)
複合	不登校状態が継続している理由が複合していて,いずれが主であるか決めがたい。	5,200 (22.9)	19,985 (20.1)
その他	上記のいずれにも該当しない。	2,490 (11.0)	4,829 (4.8)

査結果である。この理由の分類は，学校が教育センター等の客観的な判断（診断）を参考にして，現在または不登校の状態であった期間のうち，最も現在に近い状態について判断したものである。小学校と中学校ともに「不安など情緒的混乱」型が最も多い。次に「複合」型，「無気力」型となっている。中学生になると，「あそび・非行」型の割合が増加している[3]。

（4）不登校児への対策
1）不登校児童生徒の居場所，相談相手
　文部科学省は，不登校の予防対策として「魅力ある学校づくりを目指すこと」を挙げている。子どもが尊重され，自分の存在が認められていると実感でき，精神的な充実感の得られるような場が「心の居場所」である。他者との信頼関係の中で主体的な学びを進め，社会性を身につけられるような学校づくりを目標とし，学校が子どもにとって「安心感・充実感の得られるいきいきとした活動の場」すなわち，「心の居場所」となることで不登校の予防を期待しているのである[5]。学校も含め不登校の子どもたちにとって，各自の個性が尊重され，自分の存在が実感でき，安心して過ごせる「心の居場所」が必要なのである。

2）不登校児童生徒の居場所，相談相手の具体例
　学校内では居場所として「保健室登校」がある。学校に登校しても教室には行かず，一日の大半を保健室で過ごしている場合である。「不登校に陥らせないための手段」「教室へ戻っていくためのステップ」と考えられるが，一方で，学習する内容が偏ったり，集団での学習活動へ参加しない，仲間とのかかわりが不足するなどの課題も持っている。また，保健室を子どもの「逃げ場」と考えている**教師**がいたり，保健室での活動は「学習以外」のことが多いため「遊んでいる」とみなされたりすると，養護教諭以外の他の教師に保健室登校の状態を理解してもらうことは難しい[6]。

　次に，学校内の相談相手として，**スクールカウンセラー**がいる。心理臨床に関して専門的な知識や経験を持つ者が，「心の専門家」として，学校現場で教

職員と協力しながら,児童生徒へのサポートを行うものである。主に,**臨床心理士**などが携わり,中学校に派遣されることが多く,小学校では地域ごとに対応されることが多い。個々の学校の事情によって児童生徒への個別相談,保護者へのカウンセリング,教職員へのコンサルテーション,教育相談に関する研修などを主な活動とする。

　学校外での居場所として,**教育支援センター**(適応指導教室)がある。これは,「不登校児童生徒に対する指導を行うために教育委員会が教育センター等学校以外の場所や学校内の余裕教室等において,学校生活への復帰を支援するため,児童生徒の在籍校と連携をとりつつ,個別カウンセリング,集団での指導,教科指導等を組織的,計画的に行う組織として設置したもの」(文部省初等中等教育局中学校課,2000(平成12)年)と定義されている。

　学校内に設置される場合もあるが,多様な立場のスタッフ間で連携をとったり,子どもが在籍する学校や担任,専門家など外部の関係者と連携をとったりして運営されている。子どもの心の理解や子どもと指導員との関係形成,個別的な指導による学力の定着や向上,基本的生活習慣の形成やグループ活動を通じての子ども同士の関係形成などを目指している[7]。

　これ以外に,ボランティアやNPO団体などによって運営されている民間の施設である**フリースクール**がある。教育相談,体験活動,学習指導等の活動を行い,学校ごとに活動人数,活動場所や広さなどの規模も異なり,活動内容やカリキュラムも異なる。きちんとしたカリキュラムを持たない場合もあり,財政的な問題や義務教育との関連が課題となっている[8]。

　相談相手としては,子どものモデルとなるような大学生が,遊び相手,話し相手,相談相手として子どもたちのよき理解者となることを目的とした**メンタルフレンド**という活動がある。厚生労働省の「ひきこもり・不登校児童対策モデル事業」の一環として開始された事業であり,児童福祉司等の助言・指示のもとにその家庭に派遣し,その子どもとのふれあいを通じて,子どもの福祉の向上を図るものである。

3）不登校児童生徒への支援

不登校児童生徒への支援としては，前述のような「居場所」づくりや「相談相手」の派遣などの対応がなされている。このような対策を通して，不登校の児童生徒には具体的にどのような支援をすべきであろうか。

第一に，情緒的なコンピテンスの育成である。集団生活では，自分や他者が置かれている社会的文脈に合わせて感情の表出に微妙な調整をすることが求められる。このような情緒の調整の仕方や情緒の状態を理解する能力が**情緒的コンピテンス**と呼ばれる。

第二に，ストレスに耐える力，つまり耐性の育成である。集団生活では他者との間で欲求がぶつかったり，規則や慣習を守ることを強制されたりして，自分の思い通りにならないことが多い。このような場合のストレスへの耐性を育てることが必要である。

第三に，自己肯定感や自尊感情を高めるためにポジティブな感情を伴う経験をさせることが求められる。ポジティブな感情を経験することによって周囲からの受容感も高まり，積極性が高まることが期待される[9]。

以上のような三つの支援は，集団内で実施することによって効果があがるものである。また，信頼できる相談相手がいることで受容してもらえた，共感してもらえたという感覚が高まり，ポジティブな感情を高め，集団内の活動にも積極的になれる。

2．いじめ

（1）いじめとは

いじめは，一般的に，「自分より弱いものに対して，一方的に身体的・心理的な攻撃を継続的に加え，相手が深刻な苦痛を感じているもの。なお，起こった場所は学校の内外を問わないこととする」と定義されている。1993（平成5）年度までは，「学校としてその事実を確認しているもの」という文言が定義に含まれていたが，1994（平成6）年度以降は削除された。しかし，いじめ

られていた「弱い者」がいじめる側にまわることもある。また，被害者の立場にたって考える必要もある。そこで，「同一集団内の相互作用過程において優位にたつ一方が，意識的に，あるいは集合的に，他方に対して精神的・身体的苦痛を与えること」と定義する研究者もいる[10]。いじめは日本特有の現象ではなく，イギリスや他のヨーロッパ諸国，北米の国々などでも問題になっており，各国で対策がとられてきた[11]。

（2）いじめの現状

いじめは，1980年代以降に問題化され，1985（昭和60）年度にピークを迎え，15万5,066件となった。その後，減少していたが，1994（平成6）年度にいじめを理由として，自殺する児童生徒が増加した。社会問題となり，前述のように「いじめ」の定義も見直され，教員がいじめにあたるか否かの判断を表面的・形式的に行うことなく，いじめられた児童生徒の立場にたって行うようになったため，1993（平成5）年度には，いじめの発生件数は2万1,520件であったが，翌年度には6万96件に増加した。したがって，1994（平成6）年度以降の調査結果は，それまでの調査結果と単純に比較できないものとされ，実態から大きくかけ離れたものであった。

その後，2005（平成17）年度までは，いじめの発生件数は，2万143件までに減少していた。しかし，2006（平成18）年度には，いじめを理由として，自殺する児童生徒が再び増加し，いじめの発生の把握の仕方が見直されている。

また，学年別にいじめの発生件数をみると，小学1年生から小学6年生まで増加し，2005（平成17）年度では小学6年生で1,637件になる。その後，中学1年生では最も多く2,076件となり，小学校と中学校のいじめ発生件数1万7,881件中でみると，小学6年生の9.2％から中学1年生の33.4％に一気に増加している。しかし，続く中学2年生から3年生へと減少していく。中学1年生でいじめが最も多くなる[3]。

(3) いじめの形態

いじめは，仲間はずれや無視などの**心理的いじめ**，持ち物隠し，無理やりいやがることをするなどの**心理的ふざけ**，金品を取り上げる，おどすなどの**物理的いじめ**，着ているものを脱がすなどの**物理的ふざけ**に分類されている。また，文部科学省は，表10-3のように分類している[3]。

また，これまでのいじめの形態に加え，インターネットなどの普及によりネット上のいじめも深刻化している。携帯電話やメール機能を利用したいじめやインターネット上のサイトやブログを利用したいじめである。これらは，子ども同士の間で直接対面して情報がやり取りされないことと自分のしたことが気づかれないという匿名性という特徴を持っている。したがって，いじめのきっかけをつくったり，いじめがエスカレートする原因になったりする。また，いじめが家族や教師に察知されにくくなる[12]。

次に，人間関係の観点からいじめの形態をみる。学級内では図10-1に示したように被害者，加害者，観衆，傍観者の四層構造で展開されることが多い。

表10-3　いじめの態様（2005（平成17）年度）　　（件）

区分	小学校	中学校	高等学校	特殊教育諸学校
言葉での脅し	1,354	3,273	682	22
冷やかし・からかい	2,267	5,976	1,097	22
持ち物隠し	539	1,342	208	8
仲間はずれ	1,490	2,252	153	9
集団による無視	438	986	64	2
暴力を振るう	1,074	2,808	726	29
たかり	111	479	202	6
お節介・親切の押し付け	108	156	56	2
その他	340	886	327	5
合計	7,721	18,158	3,515	105

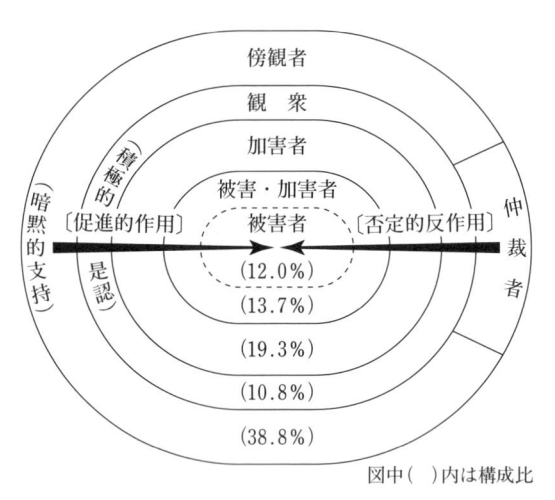

図10−1　いじめ集団の構造
（森田・清永（1994）から引用）

図中（　）内は構成比

（外側から）傍観者／観衆／加害者／被害・加害者／被害者
積極的〔促進的作用〕是認　　〔否定的反作用〕
（暗黙的支持）　　　　　　　　仲裁者
(12.0%)／(13.7%)／(19.3%)／(10.8%)／(38.8%)

仲裁者は状況によって仲裁するが，傍観者的な立場をとることが多い。これ以外に仲間集団内でボス，中間者，被害者という三者の関係で起こる場合，特定集団の人間が集団外の人物をいじめる場合，社会的偏見や差別に根ざす場合などがある[10]。

(4) いじめの見えにくさ

いじめは従来から発生してきたといわれているが，現代的な特質も指摘されている。第一に，いじめは，軽微なふざけやからかい，冗談などの日常生活での出来事の延長線上にある。したがって，どこにでもあるとか，成長のための必要悪といわれ，周囲の者が深刻に考えないこともある。

第二に，いじめかどうかの境界線があいまいであり，いじめかどうかの判定が難しいということがある。「犯罪・非行」や「校内暴力」のような問題行動は法律に触れる行為であり，行為自体が明確に逸脱している。しかし，いじめはふざけなどの軽微なものから暴行，傷害，恐喝まで犯罪行為にいたり，自殺や殺人まで引き起こしたりする場合もある。いじめかどうかは，法律による判

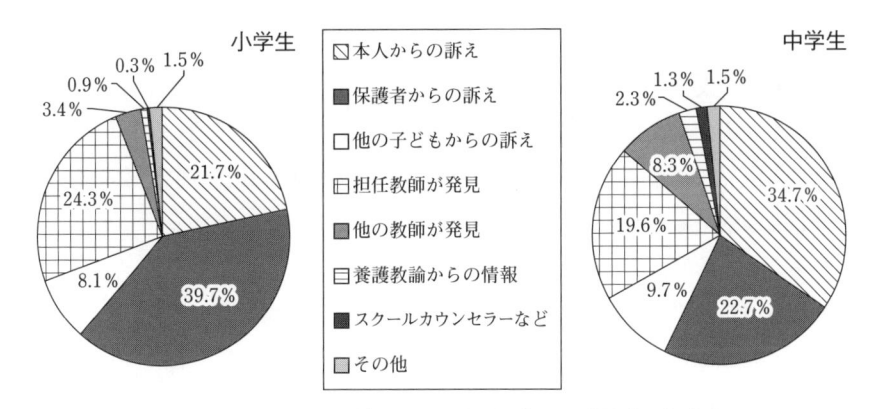

図10−2　いじめ発見のきっかけ（2005（平成17）年）

凡例：
- 本人からの訴え
- 保護者からの訴え
- 他の子どもからの訴え
- 担任教師が発見
- 他の教師が発見
- 養護教諭からの情報
- スクールカウンセラーなど
- その他

小学生：本人からの訴え 21.7%、保護者からの訴え 39.7%、他の子どもからの訴え 8.1%、担任教師が発見 24.3%、他の教師が発見 3.4%、養護教諭からの情報 0.9%、スクールカウンセラーなど 0.3%、その他 1.5%

中学生：本人からの訴え 34.7%、保護者からの訴え 22.7%、他の子どもからの訴え 9.7%、担任教師が発見 19.6%、他の教師が発見 8.3%、養護教諭からの情報 2.3%、スクールカウンセラーなど 1.3%、その他 1.5%

断では不十分であり，教師や子どもという個人の持つ道徳的判断にかかわっている。

第三に，相手に明確な危害を加えているという加害者の意識が希薄であるということである。これは前述の二つの特質とも関係しており，いじめをゲーム感覚で行うような子どもの出現につながっている[10]。

いじめ発見のきっかけを図10−2に示した。小学生の場合は「保護者からの訴え」が最も多く，ついで「担任教師が発見」「本人の訴え」となっている。中学生の場合「本人からの訴え」が最も多く，「保護者からの訴え」「担任教師が発見」となっている。小学生の場合は，本人からの訴えが2割程度と低いことから，子どもの様子を細やかに観察することと保護者と連携をとることが重要になる[3]。

(5) いじめの要因

子どものおかれている状況から生じるストレスが考えられる。子どもは学校生活において絶えず評価され，学習面の向上や親が求める進路を求められている。欲求不満状態が高まっているが，「不登校の児童生徒への支援」でも述べたようにストレスへの耐性は育っていないことが多い。子どもによっては，幼少時から塾やおけいこに通っており，ストレスを発散する遊びが十分ではな

い。

　幼児期から友だちと遊ぶ経験が少ないことで，他者への共感性や役割取得能力が低くなる。集団生活の中で生じたトラブルを解決する経験も少ない。そのため対人関係を調整する能力やコミュニケーション能力も育ちにくくなる。自己中心的な性格も助長され，優越感を感じるためにゲーム感覚でいじめることもある[13]。

　また，前述のようにいじめは見えにくい。教師がどれほど子どもに対して配慮できているかということが考えられる。そのために教職員を含め学校全体でいじめに対する意識を高める活動が必要である。いじめは人権教育にかかわる問題であり，予防や防止をするための組織的な取り組みが求められる[14]。これは，いじめがもし発生したときの初期対応の適切さにも関係し，保護者の学校に対する信頼感を高めることにもつながる。

　加えて，子どもが育つ家庭の状態が要因と考えられる。家庭において子どもの生活習慣づくりができないことは，ルールや規則を守ることができないこと，つまり価値観の欠如につながる。特に，家族メンバーの生活時間の違いや子ども部屋を持つことによって，子どもだけで食事を食べる「孤食」や「個食」が多くなり，家族でコミュニケーションをとる機会も減っている。家庭で子どもの問題を解決したり，教育することができていない場合がある。

　社会全体では，情報化社会の進展が挙げられる。テレビゲーム，携帯電話，インターネットの普及など一人で使用したり，遊んだりできる情報機器の増加が考えられている。特に，携帯用のテレビゲームの普及は，集団で遊ぶ機会を減少させる。また，携帯電話とインターネットの普及は，ネットによるいじめの発生と密接に関係している。

　また，テレビ等の映像メディア，マスメディアによる影響も指摘されており，暴力場面を頻繁に見ることで，暴力行為をまねたり，暴力行為に対して抵抗感が低くなったり，仮想と現実の間の区別がつかなくなることが考えられる。

　少子化によって地域社会で家庭とともに子どもを地域の一員として育てる多

くの機会が減少している。子ども会の活動なども少なくなり，子どもが地域の友だちや大人から学ぶ機会が減っている。

（6）いじめへの対応
1）教師がいじめを発見したときの対処方法

教師によるいじめ克服のための四つの要点を図10-3に示した[10]。

『①子どもの間の調整』の段階では，どのようないじめが起こっているのか感知することが求められる。「ひやかし」「からかい」「冗談」のようなものは日々発生していると考えられる。いじめは先に述べたようにいじめかどうかの境界線が引きにくい。教師が悪質ないじめかどうか，軽微なものでも継続的に特定の子どもに向けられたものであるのかなど的を絞って，実態を把握する必要がある。

『②いじめへの介入』では，積極的な態度で迅速に対応することが必要である。対応が遅れると根本的な問題の解決に至らず，いじめが陰湿化，長期化することもある。積極的な態度で迅速に子どもたちに介入していくことが必要である。

『③いじめの阻止』では，介入と異なりいじめが悪質になり深刻化し，すぐに対応しなければならない段階である。教師は，教職員はもちろん保護者とも

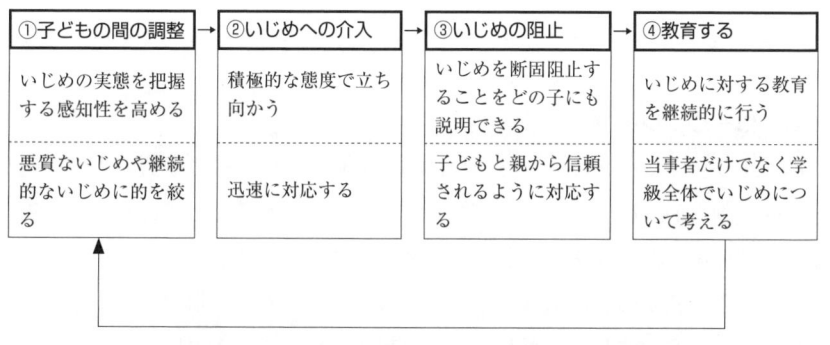

①子どもの間の調整	②いじめへの介入	③いじめの阻止	④教育する
いじめの実態を把握する感知性を高める	積極的な態度で立ち向かう	いじめを断固阻止することをどの子にも説明できる	いじめに対する教育を継続的に行う
悪質ないじめや継続的ないじめに的を絞る	迅速に対応する	子どもと親から信頼されるように対応する	当事者だけでなく学級全体でいじめについて考える

図10-3　教師によるいじめ克服の四つの要点

（森田・清永（1994）より作成）

連携しながら対応する必要がある．このとき，教師は当事者の親同士の話し合いを持つ努力をして，調停者や問題提起者としてかかわることも求められる．

『④教育する』では，最終段階としていじめの対策を教育として考える必要がある．いじめは当事者だけの問題ではなく，学級全体の問題である．図10-1で示した四層構造のように観衆や傍観者が仲裁者になることで，いじめの発生が抑えられる．いじめ対策の教育を学級全体で継続的に実施することが必要である．

2）具体的な方法

まず，第9章で述べた**構成的グループエンカウンター**と**ソーシャルスキル教育**の二つの方法が有効である．これ以外では，以下に示した**ピア・サポート**，**ロールプレイング**，**アサーショントレーニング**も考えられている．

a）ピア・サポート

ピア・サポートとは悩みや問題を抱えた子どもに対する相談や支援を，教師たち大人が直接にではなく，子ども同士（peer）にさせていく考え方である．いじめは教師や保護者からはみえにくいが，教室でともに過ごす子どもにこの考え方を可能にする力を教育し，訓練することでいじめを予防する取り組みとなる．なお，相談の機能を重視した**ピア・カウンセリング**や調停の機能を重視した**ピア・エデュケーション**なども基本的に同様と考えられる．子ども同士でわかり合えるというよい点もあるが，それぞれが未熟な部分を抱え，他者との対人関係の形成が難しい場合もあり，教師が援助・助言するなどのサポートが必要となる[15]．

b）ロールプレイング

ロールプレイングとは模擬的な役割場面を設定して，その場面の中の役割を自発的・創造的に即興を交えながら子どもに演じさせることである．より適切な対人関係の行動様式を学習させるための心理治療的技法である．相手の立場にたつことで相手の心情に気づけるようになる．しかし，指導が不十分な場合には遊びに終わってしまったり，役割が現実の自分と同一の場合にはさらに深く傷ついたりすることもあり注意が必要である[15]．

第10章　不登校・いじめ・暴力行為　　137

　c）アサーショントレーニング

　アサーション（assertion）は「自己表現」と訳されることが多く，「自分の意見，考え，欲求，気持ちなどを率直に，正直に，その場の状況に合った適切な方法で述べること」と定義され，自分も相手も大切にする相互尊重の自己表現である。いじめは対人関係の病理であり，アサーションの問題であると考えられる[16]。

3）学校全体で取り組むいじめ対策

　a）教職員も含め，学校全体でいじめ防止の教育に取り組む

　たとえば，人権教育はいじめに対する予防教育として考えられる。いじめによる自殺の予防の観点から「生命」の大切さ，生と死に関する教育も必要である。最近多くみられるネット上のいじめに対しては，ネットにおける「ルール」と「マナー」の教育を進めることも考えられる[17]。

　b）いじめの実態調査を実施し，学校全体でいじめの実態を把握する

　前述のように，いじめは教師からは見えにくいものである。児童生徒への実態調査を実施し，その情報を教職員で共有し，対策を考える必要がある。

　c）保護者，専門家，関係機関，地域の人々と連携や協力を進める

　いじめの早期発見につながったり，情報や意見が交換されたりすることによっていじめに対抗するネットワークが形成できる[14]。

3．暴力行為

（1）暴力行為とは

　子どもの暴力事件の件数は1996（平成8）年度以降増加している。文部科学省では公立学校を対象に，1985（昭和60）年度から1996（平成8）年度までは学校生活に起因して起こった暴力行為を「**校内暴力**」としていた。しかし，1997（平成9）年度からは自校の児童生徒が起こした「**暴力行為**」という項目に変更した。変更点として，第一に「暴力行為」は「**対教師暴力**」「**生徒間暴力**」「**対人暴力**」「**器物損壊**」に分けられ，判断基準となる具体例が示された。

表10－4　「暴力行為」の分類と具体例および発生件数

分類	具体例	2004年度	2005年度
対教師暴力	教師の胸ぐらをつかんだ・教師めがけて椅子を投げつけた・教師に故意に怪我を負わせた	4,772件	5,032件
生徒間暴力	中学3年の生徒と，同じ中学校の1年の生徒がささいなことでけんかとなり，一方が怪我をした・高校1年の生徒が，中学校時代の部活の後輩である中学3年の生徒に対し計画的に暴行を加えた	17,541件	17,565件
対人暴力	偶然通りかかった他校の見知らぬ生徒と口論になり，殴打の末怪我を負わせた　・金品を奪うことを計画し，通行人に暴行を加えた・卒業式で来賓を足蹴りにした	1,459件	1,343件
器物損壊	トイレのドアを故意に損傷させた・補修を要する落書きをした　・学校で飼育している動物を故意に傷つけた	10,250件	10,078件

第二に，学校外の暴力行為も加えられた。第三に，小学校での暴力行為も加えられた。暴力行為の具体例と2004（平成16）年度，2005（平成17）年度の発生件数を表10－4に示した[3]。

（2）暴力行為の現状

　1997（平成9）年度以降暴力行為の件数は年々増加し，1997（平成9）年の合計発生件数は2万8,526件であったが，2005（平成17）年度には3万4,018件にまで増加している。

　学年別にみると，2005（平成17）年度の暴力行為の加害児童生徒数は，小学校6年間では少しずつ増加し小学6年生では1,075人であったが，中学1年生で6,078人に急増し，中学3年生では1万1,197人になる[3]。

（3）「荒れ」る子ども・「キレる」子どもの特徴

　「荒れ」という言葉はもともと教育現場の教師が「校内暴力」などの問題が

発生している現象を表現する言葉として使用されてきた。学問的に定義されているわけでなかった。また，近年では，「新しい荒れ」として「**キレる**」という言葉も使用されている。この「キレる」という言葉自体は，1980年代から使用されている言葉であるが，マスコミで大きく取り上げられたのは，1998（平成10）年1月栃木県黒磯市で発生した男子中学生による教師刺殺事件からであるといわれる[18]。

ところで，以前の荒れている子どもの特徴と現代の荒れている子どもの特徴が異なるといわれている[13]。以前の荒れている子どもは，髪型や服装などの外見や態度から誰にでもわかりやすく，荒れていく段階があった。また，攻撃する理由が自分たちなりにはっきりしていたことから，攻撃対象が明確であり，自分たちを抑え込もうとする学校や教師に対して攻撃を向けることで，学校内での暴力行為が多かったといえる。しかし現在ではその特徴が変わってきており，「新しい荒れ」や「キレる」という言葉で表現され，以下のような特徴が指摘されている。

外見や態度からはむしろ普通である子どもが「キレる」といわれるように，いきなり，突発的に感情的に暴発して暴れ，人に危害を加える。この暴力行為が凶悪化して，殺人にまでいたるケースもみられる。都市部だけではなく，全国的に同時に多数の事件が発生し，小学校での暴力行為が増加傾向にあり，低年齢化している。

以上のような現代の荒れている子どもの特徴は教師が対応する上で以前よりも困難になっていることを示している。小学校での暴力行為の件数自体は少ないが，今後の対応が求められている。

（4）暴力行為への対応

第9章で述べた方法や本章の「不登校児童生徒への支援」と「いじめへの対応策」で述べた方法が有効であると考えられる。学級全体での取り組みを行い，子ども個人への取り組みとしては攻撃性や衝動性にかかわる感情をコントロールできるようにするための方法が有効である。

以上は教育的な対応である。しかし、幼稚園・保育所での幼児の衝動性と攻撃性の高さや第9章で述べた「小1プロブレム」が問題にされている。これは、乳幼児期における保護者や保育者のような大人との関係が影響している。子どもと大人との関係の中で子どもの自己肯定感の育成を目指し、同時に、子ども同士の集団生活の中で、自分の欲求や感情をコントロールする能力を育成することが必要である。

不登校、いじめ、校内暴力の教育問題は低年齢化し、現代的な特質を示すことが多い。これは、学校だけの問題ではなく、家庭や地域、社会も含めて考え、連携しながら、対応しなければならない問題である。

■引用文献

1）伊藤美奈子：「不登校の変遷」（諸富祥彦：不登校とその親へのカウンセリング、15章），pp.153-159，ぎょうせい，2004
2）森田洋司：「不登校」現象の社会学，学文社，1991
3）文部科学省：「生徒指導上の諸問題の現状について」，2006
4）田上不二夫：「最近の不登校・登校拒否のタイプ」：児童心理6月号臨時増刊 不登校・登校拒否への対応と援助，698，金子書房，pp.2-11，1998
5）文部科学省：「今後の不登校への対応の在り方について（報告）」，2003
6）数見隆生・藤田和也：保健室登校で育つ子ども達，農山漁村文化協会，2005
7）髙橋稔：「第22講　不登校」（徳田克己・髙見令英編：教育心理学），pp.161-168，文化書房博文社，2003
8）桑原知子・倉光修：カウンセリングガイドブック，岩波書店，2007
9）山下富美代：「忍耐力を育むには」，教育と医学，646，pp.320-327，2007
10）森田洋司・清永賢二：改訂版いじめ―教室の病―，金子書房，1994
11）土屋基規・P. K. スミス・添田久美子・折出健二（編）：いじめととりくんだ国々，ミネルヴァ書房，2005
12）武田さち子：「現代の『いじめ』の傾向」，児童心理，857，pp.478-482，金子書房，2007
13）尾木直樹：子どもの危機をどう見るか，岩波書店，2000

14）上地安昭：学校の「いじめ」「自殺」への組織的対応のポイント，児童心理，857，pp.512-515　2007
15）森田洋司・滝　充・秦政春・星野周弘・若井彌一：日本のいじめ，金子書房，1999
16）野末武義：「アサーション（自己表現）から見たイジメと家族」（中田洋二郎：イジメと家族関係　第3章，pp.72-115，信山社，2003
17）大久保貴世：「ネットいじめにどう対応するか」，教育と医学，647，pp.474-483，2007
18）斎藤孝：子どもたちはなぜキレるのか，筑摩書房，1999

第Ⅲ部　諸問題に対する教育心理学的アプローチ

第11章
発達障害を持つ子どもの理解と対応

1. 発達障害とは

(1)「気になる」子ども

　近年，教育や保育の現場で「気になる」子どもへの対応が問題とされている。このような子どもたちは，知的な側面では著しい遅れがみられないにもかかわらず，「落ち着きがない」「感情をうまくコントロールできない」「他の子どもとトラブルになることが多い」「本が読めない」などの特徴を持っている[1]。

　「気になる」子どもたちへの対応は教師や保育者にとって難しい。なぜなら，第一に，「気になる」子どもが示す特徴の直接的な原因や背景となる要因を理解することが困難だからである。たとえば，「落ち着きがない」のは，その子どもの性格の問題なのか，それとも何らかの障害が原因となっているのか。また，「他の子どもとトラブルになることが多い」のは，「わがまま」と考えるべきなのか，それともコミュニケーションに何らかの困難を抱えていると考えるべきなのかを，教師や保育者が判断するのは難しい。

　第二に，「気になる」子どもやその保護者に対する教師や保育者の対応の難しさの問題がある。クラスの担任が1人の場合，ほとんど1人でその子ども個人への対応，その子どもとクラスメートの関係への対応，クラス全体という集団への対応，「気になる」子どもの保護者との協力関係の構築などが必要とな

る。

このように，以前から教育や保育の現場では「気になる」子どもが問題となり，その中で発達障害の子どもの存在が指摘されるようになった。そして，その対応策の一つとして，第12章で述べるような**特別支援教育**も導入された。

（2）発達障害とは

2005（平成17）年に施行された**発達障害者支援法**によると，「**発達障害**」は「自閉症，アスペルガー症候群その他の広汎性発達障害，学習障害，注意欠陥多動性障害その他これに類する脳機能の障害であってその症状が通常低年齢において発現するものとして政令で定めるものをいう」と定義されている。また，同じく2005年の中央教育審議会による「特別支援教育を推進するための制度のあり方について（答申）」では，「発達障害」とは，上記の定義のもののうち「言語の障害，協調運動の障害，心理的発達の障害，行動及び情緒の障害とされている。これらには，従来から特殊教育の対象となっている障害が含まれるほか，小・中学校の通常の学級に在籍する児童生徒が有するLD，ADHD，高機能自閉症等も含まれる」と具体的に障害の内容などが記されている[2]。

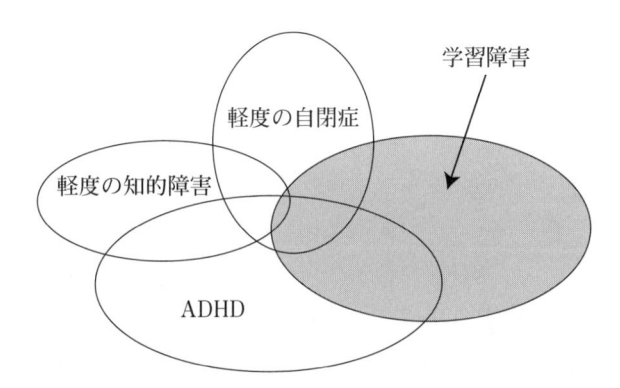

図11－1　脳の障害には連続性がある（尾崎・草野・中村・池田（2000）から引用）

(3) 発達障害の原因

　自閉症やアスペルガー症候群などの広汎性発達障害，LD，ADHDは，それぞれ異なる基準で診断されるが，中枢神経系，すなわち脳の機能障害が原因であるという点では共通しており，現在は親の育て方などの環境要因は否定されている。したがって，特性が重複しており，それぞれの障害の明確な限定が難しい場合が多い（図11-1）[3]。たとえばLDの症状がみられる場合，ADHDを合併していることが多く，軽度の知的障害や軽度の自閉症を合併していることもある。

2．発達障害の種類と特徴

(1) 学習障害：Learning Disabilities (LD)
1) 学習障害とは

　文部省（現文部科学省）は1999（平成11）年，以下のように定義している[4]。
　「学習障害とは，基本的には全般的な知的発達に遅れはないが，聞く，話す，読む，書く，計算する又は推論する能力のうち特定のものの習得と使用に著しい困難を示す様々な状態を指すものである。学習障害は，その原因として，中枢神経系に何らかの機能障害があると推定されるが，視覚障害，聴覚障害，知的障害，情緒障害などの障害や，環境的な要因が直接の原因となるものではない」。
　この定義では，知的障害がなく，基本的な学習能力のうち一つないし複数において著しい困難を持ち，その原因として脳の機能障害が推定されることなどが示されている。医学的な診断基準としては，アメリカ精神医学会の「精神疾患の分類と診断の手引（DSM-Ⅳ-TR)」[5]とWHO（世界保健機関）の「疾病および関連保健問題の国際統計分類」の第10版（ICD-10）の二つが利用されることが多い。本書では，DSM-Ⅳ-TRの診断基準をもとにして概略を紹介する。表11-1にLDの診断基準の概略を示した。主に読字能力の障害，算数能力の障害，書字表出能力の障害，特定不能の学習障害の四つに分類され

表11-1　学習障害の診断基準の概略

1．読字障害
　　読みの正確さと理解力が，年齢，知能，教育の程度から考えられるレベルよりもかなり低い。
2．算数障害
　　算数の能力が，年齢，知能，教育の程度から考えられるレベルよりもかなり低い。
3．書字表出障害
　　書字能力が，年齢，知能，教育の程度から考えられるレベルよりもかなり低い。
4．特定不能の学習障害
　　読字，算数，書字表出のすべてに問題があるが，個々のレベルは十分に低いわけではない。

(DSM-Ⅳ-TRをもとに作成)

る。各能力の程度は個別に実施された標準化検査などの結果から判断される。

2）学習障害の特徴

① 耳から入ってくる情報を理解することが困難である

聞き取りたい音や声と無視してよい音や声が，同じ強さで聞こえてくると考えられている。したがって，教室では教師の話に集中できない，教師の指示が聞き取れないなどの問題が生じる。また，聴覚的な情報を短時間記憶する能力である短期記憶に困難がある場合，教師の指示がわからないこともある。

② 目で見た情報を理解することが困難である

目で見て理解するという視覚による知覚において問題がみられる。たとえば，「花」という漢字を見ている場合，「イ」と「ヒ」が反対に見えたり，三つの部分「艹」「イ」「ヒ」がばらばらに見えたりすると考えられている。したがって，教科書の文字を順番に追いながら読むことができない，漢字を正確に書けないなどの問題が生じる。また，「し」を「J」と書くなどの**鏡文字**を書いたり，「123×12＝　」という式を筆算にする場合に桁がずれるなどの問題が生じる。奥行きや立体的な空間を認知する能力にも影響を及ぼすため，学習面以外でも，迷子になりやすいなどの症状がみられる。

③ 相手の気持ちを理解することが困難である

周囲の人間関係や状況，その場の雰囲気などを把握できないという問題がみ

られる。そのため，相手の気持ちを推し量れない，冗談が通じない，相手が誰であっても同じ調子で話してしまうなどの特徴がみられる。

④ 身体全体を使った運動や細かい指先の運動に問題がある

身体を動かすことが感覚的に把握できず，ギクシャクした動きになる，スキップができないなどの特徴がみられる。はさみの使用やボタンのかけはずし，ボールの扱いや楽器の演奏など指を使った細かい動きが苦手な場合もある。

（2）注意欠陥多動性障害：Attention-Deficit/Hyperactivity Disorder （ADHD）

1）ADHDとは

文部科学省は2003（平成15）年，以下のように定義している[6]。

「ADHDとは，年齢あるいは発達に不釣り合いな注意力，及び／又は衝動性，多動性を特徴とする行動の障害で，社会的な活動や学業の機能に支障をきたすものである。また，7歳以前に現れ，その状態が継続し，中枢神経系に何らかの要因による機能不全があると推定される」。

医学的な診断基準として，表11－2にDSM-Ⅳ-TRの診断基準にある症状の概略を示した[5]。ADHDの特徴は，「不注意」，「多動性」，「衝動性」の三つが挙げられている。「不注意」の症状か，「多動性」と「衝動性」の症状のうち，6か月以上継続して6項目以上にあてはまるか，7歳未満に発症し，その症状は学校と家庭などの2か所以上の状況でみられるかなどの観点から診断される。加えて，まわりと不適応を起こすか，発達段階にふさわしくないかという点も，診断する上で重要であるといわれている[7]。

2）ADHDの特徴

表11－2の診断基準で示された具体的な行動特徴以外に，「不注意」では，「規則，約束などを守れない」など，「多動性」では，「隣の子どもにちょっかいを出す」などがある。また，「衝動性」は攻撃的，暴力的という意味ではなく，いわゆる「せっかち」という意味合いが強い。具体的には「結果を考えず

第11章　発達障害を持つ子どもの理解と対応　　*147*

表11-2　ADHDの診断基準の概略

(1) 不注意の9つの症状
① 学業，仕事などの活動において，不注意な過ちをおかす。
② 課題または遊びの活動で注意を持続することがしばしば困難である。
③ 直接話しかけられたときにしばしば聞いていないように見える。
④ 反抗的な行動や指示を理解できないためではなく，しばしば指示に従えず，学業，用事などをやり遂げることができない。
⑤ 課題や活動を順序立てることがしばしば困難である。
⑥ 学業や宿題のような精神的努力の持続を要する課題に従事することをしばしば避ける，嫌う，またはいやいや行う。
⑦ おもちゃ，学校の宿題，鉛筆，本，または道具などの課題や活動に必要なものをしばしばなくす。
⑧ しばしば外からの刺激によって容易に注意をそらされる。
⑨ しばしば毎日の活動を忘れてしまう。

(2) 多動性の6つの症状
① しばしば手足をそわそわと動かし，またはいすの上でもじもじする。
② しばしば教室や，その他，座っていることを要求される状況で席を離れる。
③ しばしば，不適切な状況で，余計に走り回ったり高い所に上ったりする（青年または成人では落ち着かない感じの自覚のみに限られるかもしれない）。
④ しばしば静かに遊んだり余暇活動につくことができない。
⑤ しばしば"じっとしていない"，またはまるで"エンジンで動かされるように"行動する。
⑥ しばしばしゃべりすぎる。

(3) 衝動性の3つの症状
① しばしば質問が終わる前に出し抜けに答え始めてしまう。
② しばしば順番を待つことが困難である。
③ 会話やゲームに干渉するなどして，しばしば他人を妨害し，邪魔する。

(DSM-Ⅳ-TRをもとに作成)

に行動してしまう」などがみられる。これ以外に，「人なつこく誰とでも友だちになれる一方，場の雰囲気や集団のルールをつかみにくい」，「素直にあやまるが，なかなか自分の行動を修正できない」などが挙げられる。

(3) 自閉症：Autism

1) 自閉症とは

　自閉症は，1943（昭和18）年にアメリカの精神科医**カナー**（Kanner, L.）に

よって最初に症例が報告された。医学的には，自閉症という診断名はなく，DSM-Ⅳ-TR の「**広汎性発達障害**（Pervasive Developmental Disorders：PDD）」の中に「**自閉性障害**」という診断名がある。DSM-Ⅳ-TR の自閉性障害の診断基準にある症状の概略を表11-3に示した。（1）（2）（3）の三つの障害のうち3歳以前までに六つ以上みられるか，（1）から二つと（2）と（3）から一つずつ該当するかどうかなどという観点から診断される。

広汎性発達障害の中でも，全般的に知的な能力や言語に遅れがみられない場合，DSM-Ⅳ-TR によれば，医学的には**アスペルガー障害**と診断される。教育の立場では，2003（平成15）年に文部科学省が，「**アスペルガー症候群（Asperger's Syndrome：AS）**」を次のように定義している[6]。

「アスペルガー症候群とは，知的発達の遅れを伴わず，かつ，自閉症の特徴のうち言葉の遅れを伴わないものである。なお，高機能自閉症やアスペルガー症候群は，広汎性発達障害に分類されるものである」

ここで示されている「**高機能自閉症（High Functioning Autism：HFA）**」はDSM-Ⅳ-TR の診断名ではないが，文部科学省は，2003（平成15）年に次のように定義している[6]。

「高機能自閉症とは，3歳位までに現れ，①他人との社会的関係の形成の困難さ，②ことばの発達の遅れ，③興味や関心が狭く特定のものにこだわることを特徴とする行動の障害である自閉症のうち，知的発達に遅れを伴わないものをいう。また，中枢神経系に何らかの要因による機能不全があると推定される」。

医学的には自閉性障害とアスペルガー障害のみを診断名としている。しかし教育関係者の間では，高機能自閉症は全般的な知的発達の遅れを伴わない点で自閉性障害と区別され，言語の遅れを伴う点でアスペルガー障害と区別される。

また，「**自閉症スペクトラム**」という概念も提唱されている。自閉症には自閉症以外の障害を伴うことも多く，人によって典型的な症状を示すタイプやそれほど明確に症状を示さないタイプなど，多様な症状がみられる。そのような

第11章　発達障害を持つ子どもの理解と対応　　*149*

表11-3　自閉性障害の診断基準の概略

(1) 対人的相互反応における質的な障害
① 目と目で見つめ合う，顔の表情，体の姿勢，身振りなどの多彩な非言語コミュニケーション行動の使用において著しい障害がある。
② 発達の水準にふさわしい仲間関係を作ることができない。
③ 楽しみ，興味，達成感を他人と分かち合うことを自発的に求めない。(例えば，興味のあるものを見せる，持って来る，指差すことなどをしない。)
④ 対人的または情緒的相互性が欠如している。
(2) コミュニケーションの質的な障害
① 話し言葉の発達が遅い，または話し言葉がまったく行われていない。(身振りや物まねのような代わりのコミュニケーションにより補おうという努力をしない。)
② 十分会話のある者では，他人と会話を開始し継続する能力に著しい障害がある。
③ 常同的で反復的な言語を使用したり，独特な言語を使用する。
④ 発達水準にふさわしい自発的なごっこ遊びや社会性をもった物まね遊びをしない。
(3) 行動，興味，および活動の限定された反復的で常同的な様式
① その対象と強さの面で異常なほど常同的で限定された1つまたはいくつかの興味だけに熱中する。
② 特定の機能的でない習慣や儀式に明らかにかたくなにこだわる。
③ 手や指をぱたぱたさせたりねじ曲げるなどの常同的で反復的な衒奇的運動をする。
④ 物体の一部に持続的に熱中する。

(DSM-Ⅳ-TR をもとに作成)

多様な症状に境界線を引き，それぞれ診断名を付けて分類するというのは不自然であり，むしろ連続体として存在していると考えるべきであるという考えに基づき，自閉症スペクトラムという用語が用いられている。

2) 自閉症の特徴

a) 代表的な三つの特徴

イギリスのウィング (Wing, L.) は，医師であり，自閉症研究者であり，自閉症児の母親でもあるが，以下の特徴を示している[8]。

第一に，**社会性の障害**である。いわゆる「空気」が読めなかったり「常識」がわからないことが多く，人に合わせて行動したり，集団で行動することが苦手である。また，基本的に他者に興味関心を示さないことが多く，人と視線を

合わせない，視線を避けるなどの傾向もみられる。

第二に，**コミュニケーションの障害**である。話し言葉の発達が遅く，幼少のころには，「どこへ行ったの」という質問に対し「どこへ行ったの」とそのまま返してしまう「オウム返し」がみられることもある。これは，**反響言語（エコラリア）** と呼ばれる。全般的に，言葉を通してのコミュニケーションが困難であり，あいまいな表現や言葉を字義通りに解釈するので，比喩や冗談がわからない，自分中心の話題のときのみ会話に参加するなどの傾向がみられる。視覚的な情報伝達の方が伝わりやすいこともある。

第三に，見えないものを推測する力である**想像力の障害**である。目の前にないものを想像することが苦手であることが多いため，先の見通しが立てられず，見通しがつかない状況での不安が強いなどの特徴がみられる。また，興味や活動の幅が狭く，少数の特定のものへのこだわりが強いため，一つのおもちゃや遊びにこだわったり，自分の思い通りにしたがる傾向がある。特異な感性を持っているため，独自の空想の世界を持ち，独特な才能を発揮することもある。

b) その他の特徴
① 「心の理論」の問題

「心の理論」とは，自分や他人の意図，信念，思考，ふり，好みなどの心の状態を理解することをいう。自閉症とは，この「心の理論」のメカニズムに問題があると考えられている。たとえば，「サリーとアンの課題」（図11-2）を使用した研究では，自閉症児の成績が著しく低いことが報告されている[9)][10)]。

② 感覚の問題

光に敏感である，特定の肌触りに不快感を覚える，特定の食べ物を嫌うなどの感覚面において過敏なことが多い。反対に，音に対して注意が向かない，痛みに鈍感であるなどの感覚面において鈍いこともある[11)]。

③ 過去の記憶の問題（フラッシュバック，タイムスリップ）

自閉症は「忘れることができない障害である」ともいわれ，何かのきっかけで，以前体験した不快な出来事を，今生じているように生々しく思い出すこと

図11-2　サリーとアンの課題（Frith, U.（冨田・清水 1991）から引用）

がある。その際，過去と現在を取り違えてパニックを起こす場合もある。

3．発達障害の子どもへの対応

（1）全般的な対応方法
1）基本となる態度
　発達障害の特性を理解していないと子どもへの叱責や非難が多くなるので，子どもが傷ついたり自信をなくすことも多い。大人の価値観や常識で考えず，

発達障害の特性を理解してかかわることが重要である。また，個々の子どもの気持ちを理解し評価することが必要である。その場合，症状は個人によって大きく異なるので，それぞれの子どもに合わせた配慮や支援を行わなければならない。

基本的な態度としては，Clam, Closer, Quiet（**CCQ**）が挙げられる[12]。Clamは感情的にならずに穏やかに話す，Closerは子どもの目の高さで名前を呼びかけ，近くに寄って話しかける，Quietは静かに話す，ということを示している。

2）具体的な指導方法
① 教室の環境を整える

教師の近くに座らせ，意識を教師や学習の方に向けるようにする。また，音や掲示物などの不必要な刺激をできる限り取り除くことで注意が散漫になることを防げる。

② 子どもへの伝え方を工夫する

言語でのコミュニケーションに問題がある場合には，絵や写真，カード，4コマ漫画など視覚的な情報を提示することも有効なことが多い[13]。

また，子どもに話すときは，あいまいで抽象的な表現は避ける方がよい。たとえば，「もっとたくさんやって」ではなく，「あと10問やってみよう」というように具体的に指示した方が理解されやすい。また，多くの情報量を伝達すると，情報を整理したり取捨選択したりすることが難しくなってしまうので，簡単に伝えたい内容の要点だけを話すことも有効である。

③ 目標達成のための課題を選ぶ

二つ以上の対象に注意を向けることが困難である場合が多い。目標を設定する際には，多くの目標をかかげず，子どもにとって必要な目標を選ぶことが重要である。本人の水準に合った課題を一つずつ順番に提示することも必要である。この点では，第5章で示したプログラム学習の原理も応用できる。

④ 子どもに対して肯定的な評価をする

問題を起こしやすい子どもには，否定的な言葉をかけやすいが，なるべくほ

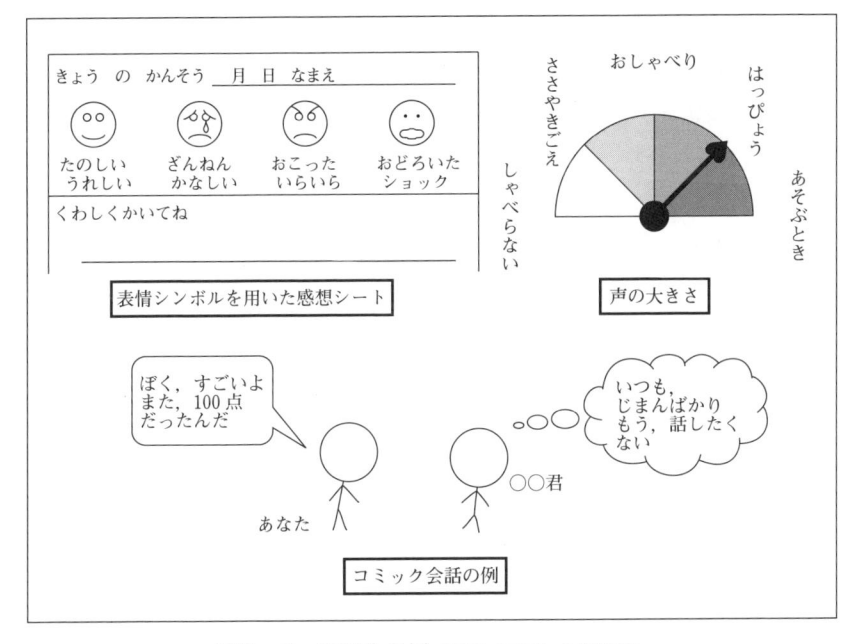

図11－3　視覚化の例（岡田（2006）より引用）

めるようにした方がよい。これは，第3章で述べたような子どもの意欲を高めることにもつながる。同様な考えから，幼児や小学校低学年の場合には，シールなどの目に見える形のごほうびを用いる場合もある。

⑤ **子どもの問題行動の背後にある気持ちや状況を考え，予測する**

　パニックや奇声，友人とのトラブルなどの問題行動を起こした場合，問題を起こした子どもに注意が向くことが多い。しかし，問題行動を起こしたときの子どもの気持ちや関係した子どもの気持ちを考えることがまず必要である。そして，問題行動が生じた前後の状況を分析して直接的，間接的な要因を考え，今後の対応方法を予測することも必要である。これには，第2章で述べたオペラント条件づけの考え方を応用した方法も考えられている。

（2）各障害の特徴に対する対応
1）学習障害への対応
　聴覚的な問題は，記憶の能力に影響しており，聞いたことをすぐに忘れてしまうことが多いので，メモをとるようにさせることも考えられる。視覚的な問題がみられる場合には，パズルなどの補助教材を取り入れて文字のつくりを覚えるなどの視覚的な提示の仕方を工夫することもある。たとえば，マス目の入った，書きやすいノートやプリントを作成することもある。
　ADHDにもみられる特徴であるが，学習障害の子どもは運動障害を持っている場合があるので，トランポリンや平均台などの遊具を用いて，身体の動きやバランス感覚を意識させる方法も試みられている。

2）ADHDへの対応
　子どもの状態に応じて集中できる時間を配慮し，まずは10～15分程度から集中することをめざすことが多い。また，子ども自身でも多動をコントロールできないことを理解し，たとえば，後半の時間は着席せずに立って行ってもよいことにするなど，条件付きで多動を許可し，徐々に改善していくようにする。
　ADHDの子どもは，突発的に行動する，話し始めるという傾向がみられるので，衝動をコントロールする手助けが必要である。たとえば，突然話し始めたら手をつないだり背中をさすったりして気づかせる，何かをしたくなったら合図を送って周囲に知らせることを教えるという指導方法もとられている。

3）自閉症への対応
　自閉症の子どもの中には変化に対して強い抵抗感を示すこともある。そのような場合，活動を始める前に今後の予定を明確に示すことで，見通しを持たせ，安心させることができる。また日課や予定の変更は最小限にし，変更するときには子どもに事前に知らせるほうがよい。
　コミュニケーションの問題を考慮し，一人になって落ち着ける場所を用意したり，同じ教室に入るが活動の輪には入らなくてもよいなどの「周辺参加」という形態をとることもある。
　発達障害の子どもは不登校やひきこもりになったり，非行などの反社会的な

行動を起こす場合もみられるが,それは発達障害のためではなく,適切な対応がなされなかったために,自尊感情や自己評価が低下し「自分はダメな人間だ」と思ってしまった結果であったり,いじめられたりした結果であることが多い。重要なのは,発達障害に対する誤った知識から不適切な対応が繰り返され,それによって問題行動が起こるという**二次的障害**を防ぐことである。そのためには,教師や親のような周辺の大人だけでなく,社会全体が発達障害への理解を深め,偏見や誤解をなくすと同時に彼らへの支援を増やしていくことが必要であろう。

■引用文献
1) 本郷一夫:「はじめに」(本郷一夫編著:保育の場における「気になる」子どもの理解と対応—特別支援教育への接続) pp.1-4,ブレーン出版,2006
2) 文部科学省:「特別支援教育を推進するための制度の在り方について(答申)」中央教育審議会,2005
3) 尾崎洋一郎・草野和子・中村敦・池田英俊:学習障害(LD)及びその周辺の子どもたち,同成社,2000
4) :学習障害及びこれに類似する学習上の困難を有する児童生徒の指導方法に関する調査研究協力者会議「学習障害児に対する指導について(報告)」,文部省,1999
5) American Psychiatric Association: Quick Reference to the Diagnostic Criteria from DSM-IV-TR, 2000(高橋三郎・大野裕・染矢俊幸:DSM-IV-TR 精神疾患の分類と診断の手引)医学書院,2002
6) 特別支援教育の在り方に関する調査研究協力者会議:「今後の特別支援教育の在り方について(最終報告)」文部科学省,2003
7) 尾崎洋一郎・池田英俊・錦戸惠子・草野和子:ADHD及びその周辺の子どもたち,同成社,2001
8) Wing, L.: Asperger's syndrome: a clinical account. Psychological Medicine, 11, pp.115-129, 1981
9) Baron-Cohen, S., Leslie, A.M. & Frith, U.: Does the autistic child have a "theory of mind"?. Cognition, 21, pp.37-46, 1985

10) Frith, U. Autism: Explaining the enigma. UK: Blackwell Ltd. 1989（冨田真紀・清水康夫：自閉症の謎を解き明かす）東京書籍，1991
11) 奥住秀之：「自閉症スペクトラム障害の基礎知識」（別府哲・奥住秀之，小渕隆司編著：自閉症スペクトラムの発達と理解）pp.12-46, 全国障害者問題研究会出版部，2005
12) 原田謙：「落ち着きがない子どもたち— ADHD の治療」（降籏志郎編著：軽度発達障害の理解と支援—子どもと家族への実践的サポート）pp.77-91, 金剛出版，2004
13) 岡田智：「対人関係に困難のある子どもの指導」（上野一彦・花熊曉編著：軽度発達障害の教育— LD・ADHD・高機能 PDD 等への特別支援）pp.136-147, 日本文化科学社，2006

第Ⅲ部 諸問題に対する教育心理学的アプローチ

第12章
これからの特別支援教育

1. 特殊教育から特別支援教育へ

(1) これまでの特殊教育

　今日の学校教育においては，特別支援教育を推進するための体制づくりが急務となっている。**特別支援教育**（special support education）とは，従来の**特殊教育**（special education）から大きく方向転換した考え方である。これまでの特殊教育とは，子どもの障害の種類と程度に応じて特別な場で教育を行うものであった。特殊教育を専門的に行う学校には盲学校・ろう学校・養護学校があり，養護学校はさらに障害の種類によって知的障害，肢体不自由，病弱・虚弱，情緒障害の4種類に分かれていた。しかし情緒障害児を専門的に教育する養護学校はわずかである。

　なお，情緒障害にはさまざまな症状が含まれているが，教育現場では一般的に自閉症やこれに類する**広汎性発達障害**（PDD）を指すことが多かった。しかし，自閉症が親子関係に起因する心因性の障害ではなく，脳の機能障害（発達障害）であることが明らかになった今日では，自閉症を情緒障害の中に含めることは適切でない。こうした研究成果を踏まえて，2006（平成18）年4月1日からは学校教育法の施行規則が一部改正された。特殊学級（現：特別支援学級）に在籍または通級指導を受けることができる対象児として，情緒障害から独立して自閉症が新たに対象に加えられた。さらに同じ改正に伴い，**学習障害（LD）** と**注意欠陥多動性障害（ADHD）** も**通級指導**の対象児に加えられている。

盲・ろう・養護学校には，子どもの年齢に応じて幼稚部・小学部・中学部・高等部が設置されている。しかし，盲学校やろう学校には**幼稚部**が設置されているが，最も数の多い養護学校で幼稚部を設置している学校はごくわずかである。したがって障害のある幼児は，**通園施設**に通う一部の子どもを除くと，大部分が幼稚園や保育所で保育を受けている。こうした現状を踏まえると，保育者は障害児教育（特別支援教育）のあり方について正しい知識を持っている必要がある。

また，通常の小・中学校の中で特殊教育を行う場合には，障害の種類に応じて特殊学級を設置することができた。さらに，通常学級に在籍しながら，特殊学級で通級指導を受けている子どもたちもいる。図12－1に示すように，今までの特殊教育の対象となっていた子どもは全体の2％弱であった。

（2）特別支援教育の必要性

しかし，学習障害児をはじめとする発達障害児に対して，学校内での通級指導に取り組む学校が現れたことを契機に，文部省は通級指導を制度として認めることとなった。また，通級を利用していない児童生徒もかなりの数に上ると想定されたため，通常の小・中学校において，学習障害やこれに類する障害を有する児童生徒にどのように教育的な配慮を行うか，という問題がクローズアップされてきた。そして1999（平成11）年には，学習障害についての教育的な定義が示され[1]，2001（平成13）年から2年間にわたって学習障害児への支援体制づくりのモデル事業が全国で実施された。その中からよい取り組みを集めた事例集が公刊されており，それは今後の特別支援教育を進めていくための格好の資料となっている[2]。

学習障害児に対する支援体制づくりの成果を受けて，2003（平成15）年から2年間にわたり，小・中学校における特別支援教育の体制づくりが全国でモデル事業として実施された。その根拠となったのは，通常学級に在籍する発達障害児の全国調査であった[3]。この調査は，全国の小・中学校370校の通常学級4,328学級を対象に行ったものである。実際には通常学級にも知的障害児が在

第12章　これからの特別支援教育　　*159*

籍しているので，これらの児童生徒を除いた対象児（4万1,579名）について担任が調査用紙に記入をした。その結果，図12-1や図12-2に示すように，6.3％の児童生徒がなんらかのつまずきを有することが明らかになった。これを40人学級に換算すると，クラスに2～3人は発達障害が疑われる子どもが在籍していることになる。

　つまり，これまでの特殊教育は2％の子どもを対象として，特別な場で教育

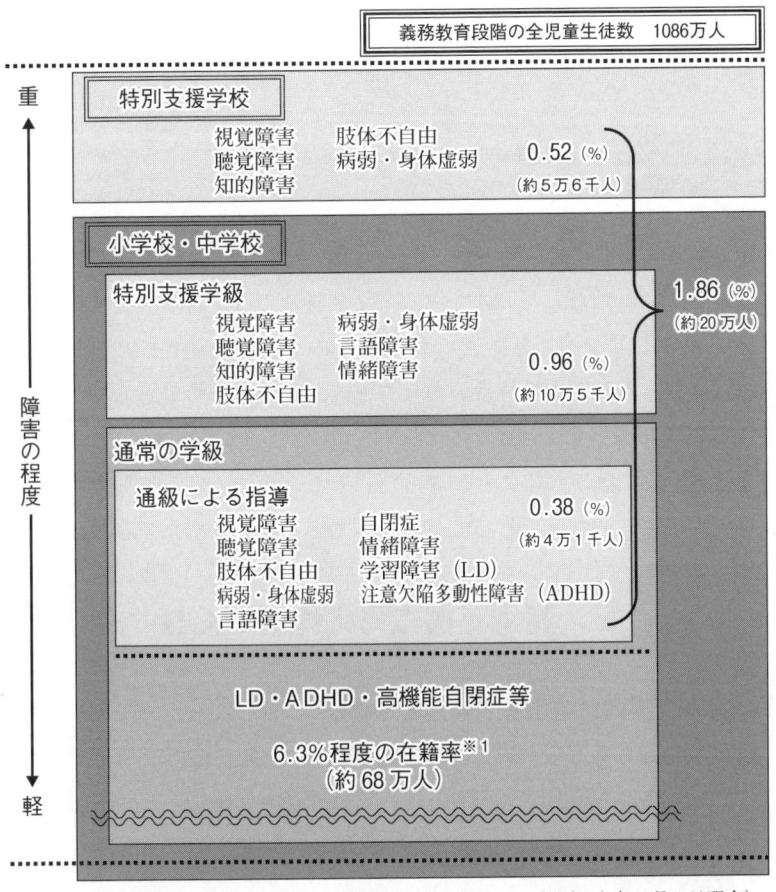

```
                      義務教育段階の全児童生徒数　1086万人

重   ┌─────────────────────────────────┐
↑    │ 特別支援学校                                        │
│    │   視覚障害    肢体不自由                            │
│    │   聴覚障害    病弱・身体虚弱      0.52 (％)          │
│    │   知的障害                      (約5万6千人)        │
│    ├─────────────────────────────────┤
│    │ 小学校・中学校                              ┐       │
障    │                                             │       │
害    │  ┌──────────────────────────┐ │ 1.86 (％)│
の    │  │ 特別支援学級                           │ │       │
程    │  │   視覚障害   病弱・身体虚弱             │ │(約20万人)│
度    │  │   聴覚障害   言語障害                   │ │       │
│    │  │   知的障害   情緒障害    0.96 (％)       │ │       │
│    │  │   肢体不自由            (約10万5千人)    │ │       │
│    │  └──────────────────────────┘ │       │
│    │  ┌──────────────────────────┐ │       │
│    │  │ 通常の学級                             │ │       │
│    │  │                                        │ │       │
│    │  │  通級による指導                        │ │       │
│    │  │   視覚障害   自閉症      0.38 (％)      │ │       │
│    │  │   聴覚障害   情緒障害   (約4万1千人)     │ │       │
│    │  │   肢体不自由 学習障害 (LD)              │ │       │
│    │  │   病弱・身体虚弱 注意欠陥多動性障害(ADHD) ┘       │
│    │  │   言語障害                             │         │
│    │  └──────────────────────────┘         │
│    │                                                     │
│    │    LD・ADHD・高機能自閉症等                          │
│    │       6.3％程度の在籍率[※1]                          │
↓    │        (約68万人)                                    │
軽   └─────────────────────────────────┘
```

※1　2002（平成14）年の調査に基づく数値（それ以外は2006（平成18）年5月1日現在）

図12-1　特別支援教育の対象となる子どもの概念図

を行っていたが，これからの特別支援教育では従来の２％に加えて，６〜７％の子どもを対象に，教育の内容や方法を考えていく必要が生じてきたのである。また，この調査対象からは除外されていたが，実際には通常学級に知的障害児が在籍している場合もある。したがって，これまでの特殊教育の制度では対応できない問題を，学校はたくさ

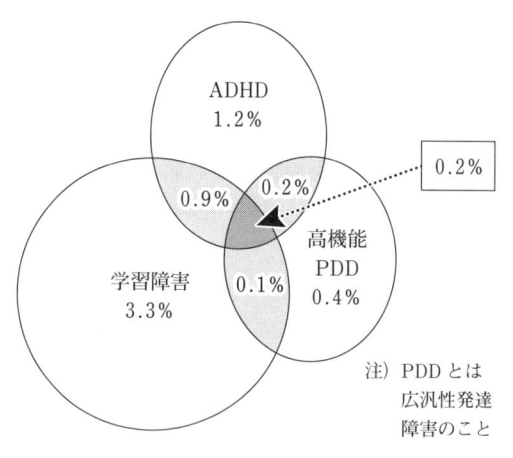

図12-2 通常学級に在籍する発達障害児の全国調査結果

（図中：ADHD 1.2%、学習障害 3.3%、高機能PDD 0.4%、0.9%、0.2%、0.1%、0.2%
注）PDDとは広汎性発達障害のこと）

ん抱えていることになる。そこでこれからは，学校のあり方そのものを大幅に変えていかなければならないのである。文部科学省は，特別支援教育のあり方についてのガイドラインを発表し，これに基づいて全国でモデル事業を展開し，地域にあった特別支援教育のあり方を検討してきたのである。

これらの研究成果を受けて，2007（平成19）年からは国内のすべての地域で特別支援教育が実施されることになった。そこで次節では，特別支援教育がどのようなシステム（制度）として運用されているのかを紹介する。

2．特別支援教育の体制づくり

（1）特別支援教育を推進するための体制

特別支援教育の考え方では，「特別な教育的ニーズ」のある幼児や児童生徒に対して，個別の指導計画や個別の教育支援計画を作成し，その子どもに合った教育を行うことができる。つまり，通常学級に在籍する子どもたちであっても，学習指導要領（幼稚園の場合は幼稚園教育要領）の制約から離れて教育ができるということである。

通常学級に在籍する児童生徒に個別のカリキュラムを作成することは，これまでの小・中学校ではほとんど行われてこなかった。また，学習指導だけでなく，生活指導の面でもさまざまな障害の特徴を理解し，その子に合った指導方法を考えなければならない。そのため，各学校では特別支援教育に関する体制づくりが求められている。体制づくりは大きく分けると，学校内の組織の再編と，学校外の諸機関との連携という二つの部分からなる。

(2) 学校内の組織の再編
1) 校内委員会の設置

学校内に特別な教育的ニーズを有する子どもがいた場合，担任教師1人が責任を負うのではなく，学校全体での支援体制を整備する必要がある。子どもの実態を把握し，必要に応じて個別の指導計画や教育支援計画を立案するためには，校務分掌の中に特別支援教育を担当する委員会を設置する必要がある。これが通称"(特別支援教育に関する) **校内委員会**"と呼ばれる組織である。特別支援教育委員会を新たに設置すれば，その委員会が特別支援教育に責任を持つということが明確に示される。

しかし学校ではすでにさまざまな委員会が機能しており，学校の規模によっては新しい委員会を設置することが困難な場合もある。また，就学指導や生徒指導，教育相談など，これまで学校に設置されていた他の委員会と活動の内容が重複する部分もある。そこで国のガイドラインでは，こうした関連する委員会に特別支援教育の責務を負わせてもよいことになっている。ただその場合でも，特別支援教育を担当する委員会であることが学校内で明確になっている必要がある。

2) 特別支援教育コーディネーターの指名

学校内で特別支援教育を推進していくためには，その中心となる教員が必要である。それが**特別支援教育コーディネーター**である。特別支援教育の本格的な実施に伴い，小・中学校では，学校内にコーディネーターをおかなければならなくなった。しかし現時点では，コーディネーターを専門職として配置する

ことは難しいので，現在いる教員の中からコーディネーターを指名することが一般的である。

　特別支援教育コーディネーターの仕事は，大きく四つある。まず，校内委員会の中心となって子どもの実態把握に努めることである。次に，個別の教育指導計画や教育支援計画の立案を行うことが挙げられる。また，特別支援教育に関する教員の研修（特に校内研修）を推進することがある。そして，コーディネーターという名前が示すように，保護者や外部機関と連携する際の中心的な役割を果たすことが求められている（図12-3）。

　子どもの実態把握を行うためには，発達障害に関する知識と，評価（**アセスメント**）に関する知識が必要である。発達障害の特徴については第11章で触れているが，症状の現れ方は子ども一人ひとりによってさまざまである。子どもがどのようなつまずきを抱えているかを把握するために，たとえば文部科学省が行った実態調査の質問項目を用いることもできる。そして，気になる子どもがどのようなつまずきを抱えているのかを大まかに把握することができる。また，市販のチェックリスト（LDI［LD判断のための調査票］やPRS［The Pupil Rating Scale：LD児診断のためのスクリーニングテスト］）を利用することもできる。こうした情報は，担任教師や同じ学年の他の教師から収集する

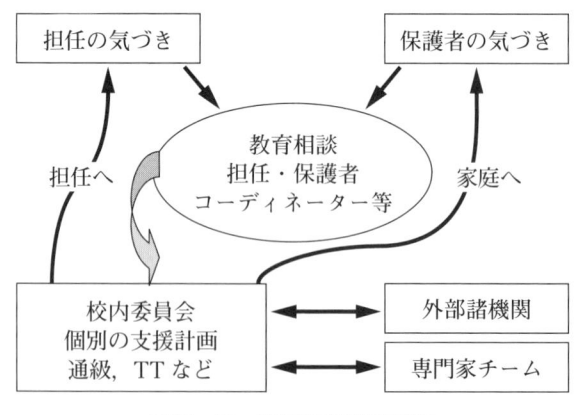

図12-3　特別支援教育体制

ことができる。

　子どものつまずきに気づいた後は，学習や行動面についての支援プラン（個別の教育指導計画）を立案しなければならない。必要ならば，子どもの認知の特徴をより正確に評価することもある。認知面の特徴については，個別式の心理検査を実施することが考えられる。個別式の心理検査によって，子どもの情報処理能力の得意な側面と苦手な側面を明らかにすることができる。発達障害児の評価に用いられる心理検査には，第4章で示したWISC―Ⅲ知能検査法，K―ABC心理・教育アセスメントバッテリー，ITPA言語学習能力診断検査などがあるが，これらが何を測定しているのかについてコーディネーターは熟知しておく必要がある。検査結果を十分に解釈できなければ，その子どもに合わせた支援プランが立てられないからである。

　現在，多くの学校では特別支援学級（以前の特殊学級）の担任がコーディネーターに指名されている。しかし，特殊学級の担任は自分のクラスに在籍する児童生徒の教育をする責任がある。したがって，他の学級の授業の様子を見に行ったり，チームティーチング（TT）のメンバーとなることがなかなかできない。また，特別支援教育という考え方が必ずしも校内に十分浸透してない今の段階では，校内研修会を企画したり外部の研修会に教員を派遣するなど，学校の管理運営的な要素も含まれてくる。そこで現在では，教頭や教務主任などの管理的立場にある教員，それも担任を持たない教員がコーディネーターを務めているケースも少なくない。どの教員をコーディネーターに指名するかは校長の裁量に委ねられており，学校の事情に応じて適任者を選任することになっている。今後は，より専門性の高い教員をコーディネーターの専任ポストに配置し，担任の業務からは離れて，学校全体の支援をしやすくするような人事が必要になってくるであろう。

3）校内研修会の実施

　発達障害児の実態と支援プランについての情報を学校内で共有するためには，すべての教員が特別支援教育のあり方を同じように理解している必要がある。そのためには，**校内研修会**が不可欠である。これまでも，発達障害児の理

解や支援方法についての研修会は都道府県，市町村の教育委員会が数多く実施してきた。しかし，すべての教員が研修を受けているわけではない。むしろ，研修を受けている教員はさまざまな研修を受けに行っているので，まったく研修を受けていない教員との間で知識や教育技術の差が広がってしまう。そこで，学校内で全教員が同じように学ぶための校内研修会が有効となる。

校内研修会では，自分の学校に在籍する児童生徒の特徴や指導方法についての**事例検討会（ケース・カンファレンス）**や，外部講師を招いての講演会などが企画される。あるいは，都道府県や市町村の研修を受けた教員の報告をもとに討論し合うなど，さまざまな形態の研修が考えられる。こうした研修のプランを練ったり，年間の研修計画を策定することもコーディネーターの役割の一つである。先に述べたように教頭や教務主任がコーディネーターを務めることがあるが，その理由は，校内研修会を含む学校の年間計画の策定に携わる立場だからである。

（3）特別支援学校との連携

特別支援教育の本格的な実施によって，盲学校・ろう学校・養護学校の位置づけが大きく変わった。主な変更点は2点である。

第1点は，受け入れる障害種別の弾力化である。障害を有する子どもたちが地元の小・中学校に就学することが多くなったため，盲・ろう・養護学校に在籍する子どもは障害が重く，重複した障害を有する子どもが増えた。こうした流れを受けて，盲・ろう・養護学校は障害の種別を越えてさまざまな子どもたちを受け入れることが期待されている。そのため，総称として**特別支援学校**という名称を創設し，障害の種類にかかわらず地域にいるさまざまな障害児の教育を担うこととなった。

第2点は，発達障害を含むさまざまな障害を有する子どもが在籍している幼稚園から高等学校までの学校に対して，特別支援学校が支援を行うようになったことである。これまでに培ってきた障害児教育のノウハウを，積極的に幼稚園・小学校・中学校・高等学校に提供することが特別支援学校の役割になっ

た。今まではたとえば，障害のある子どもが小・中学校に在籍していても，積極的に盲・ろう・養護学校に支援を求めることはなかった。その原因は，特別支援学校が地域の学校をサポートするというシステムがなかったためである。

　制度面からみると，小・中学校は一般に市町村が設置者であり，教育事務所単位で人事が行われてきた。これに対して，特殊教育諸学校は都道府県が設置者であり，都道府県の教育委員会が直接人事を担当していた。そのため，小・中学校の教員が盲・ろう・養護学校に支援を求めたくても，お互いの接点が少なかった。そのため，支援を求めたいときに誰に問い合わせればよいのかがわからないという現状であった。

　しかし，特別支援教育のモデル事業が実施されてから，盲・ろう・養護学校が小・中学校を支援する取り組みが徐々に定着してきた。そして2007（平成19）年の学校教育法の改正によって，特別支援学校は地域の幼稚園から高等学校までの学校への支援を行うことがその責務となった。したがって，幼稚園～高等学校の特別支援教育コーディネーターが特別支援学校に問い合わせれば，特別支援学校のコーディネーターが対応してくれるシステムが構築されたのである。

　もちろん現状では，特別支援学校によるサポートが十分であるとはいえない。しかし，法改正によって制度改革の第一歩を踏み出したことは確かである。相手方の教員を知らないので支援を求められないという状態から，特別支援学校にSOSを発信すれば，システムとして対応してくれる形ができあがったのである。今後は，幼稚園から高等学校までの学校で解決できない問題が生じた場合には，特別支援学校に助力を求めることが一般的になっていくであろう。

　一般に，大学や発達障害児の療育を専門的に行う医療機関，発達障害児・者支援センターは都市部に集中している。そこから離れた地域では，幼稚園～高等学校が特別支援教育に関して専門機関の支援を受けることは難しい。しかし特別支援学校（特に旧・養護学校）は各地域に設置されている。したがって，専門機関へのアクセスが悪い地域では，特別支援学校に対する期待が高い。こ

うした地域のニーズに応えていくことも特別支援学校の使命である。

(4) 外部諸機関との連携

　特別支援学校との連携だけでなく，市町村の教育センターや都道府県単位で設置されている「専門家チーム」を利用することが望ましい。教育センター等による巡回相談では担当者が学校を訪問し，子どもの様子を観察した上で担任や関係者に専門的な立場からの助言を行う。また，学校だけではどうしても子どもの実態把握ができなかったり判断に迷った場合には，専門家チームを利用することが望ましい。専門家チームは，教育・医療・心理の専門家から組織されており，発達障害であるかどうかを判断したり，望ましい支援の方針などについての助言を行う組織である。

　また，特別支援教育を実施するためには，教育以外の保健・福祉・医療・労働・法曹にかかわる諸機関との連携も大切である。現在国が進めている特別支援教育の推進体制事業では，二つのレベルのネットワークづくりが行われている。一つは都道府県レベルのネットワークで，大所高所から特別支援教育を考える広域連携協議会である。これに対して，各地域の実務者レベルで実際の支援に有効なネットワークを形成するのが，地域連携協議会である。特別支援教育の対象児について，個々の発達レベルやニーズに応じた「個別の教育支援計画」を作成することが望まれている。個別の教育支援計画とは，図12－4に示すように，乳幼児期から学齢期，就労までを見据えた包括的な支援プランであ

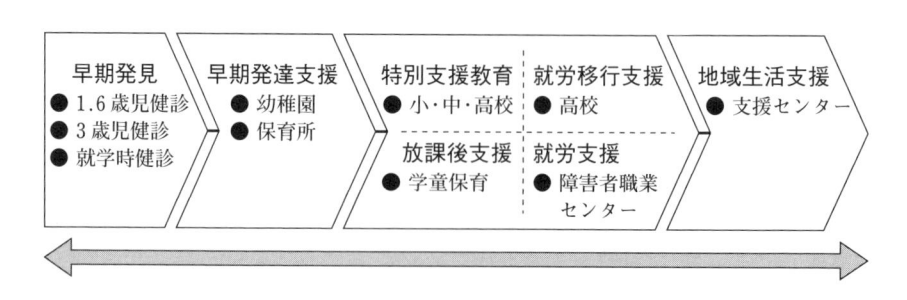

早期発見	早期発達支援	特別支援教育	就労移行支援	地域生活支援
● 1.6歳児健診 ● 3歳児健診 ● 就学時健診	● 幼稚園 ● 保育所	● 小・中・高校	● 高校	● 支援センター
		放課後支援 ● 学童保育	就労支援 ● 障害者職業センター	

図12－4　個別の教育支援計画の概念図

る。

　しかし，一つの学校だけでこうしたプランを立案することは難しい。そこでまず，母子保健・児童福祉（保育を含む）・障害者福祉・医療・労働などの諸機関がお互いに情報交換をしたり，支援プランについて検討するための連絡会議を設置する必要が生じてきた。これが地域における連携協議会である。地域連携協議会では，事例検討会や，それぞれの専門家が合同で行う相談会，支援のために利用可能な地域のリソース（人的・物的な資源）をリストアップした支援マップづくりなどの仕事がある。各学校のコーディネーターは，地域連携協議会に参加してさまざまな情報を得るとともに，在籍する子どもおよびその保護者に対して，地域のリソースを紹介していくことが期待される。

3．幼稚園・保育所における特別支援教育

（1）特別支援教育の範囲の拡大
　これまでの特別支援教育は，主に小・中学校での支援体制づくりが中心的な検討課題であった。しかしこれからは，幼稚園と高等学校にこれを拡大していくことが喫緊の課題である。図12-5に，文部科学省が2006（平成18）年9月1日現在で調査した特別支援教育体制の進行状況を示す。「校内委員会の設置」「実態把握の実施」「コーディネーターの指名」の三つの項目では，小学校ではほぼ100％に達しているのに対して，幼稚園では校内（園内）委員会を設置したりコーディネーターを指名しているところは40％弱に過ぎない。
　しかし，幼児の実態把握に関しては70％近くの幼稚園で実施していることがわかる。これは，いわゆる"気になる子ども"に対する保育上の支援に関しては，これまでにもさまざまな取り組みがなされてきたことを示している。ただ，特別支援教育に対応した委員会を設置したり，コーディネーターを指名するといった制度化を行っていないだけである。
　なお，特別支援教育は文部科学省が推し進める教育政策ではあるが，厚生労働省との連携のもとに，幼稚園だけでなく保育所も対象に含めてよいことに

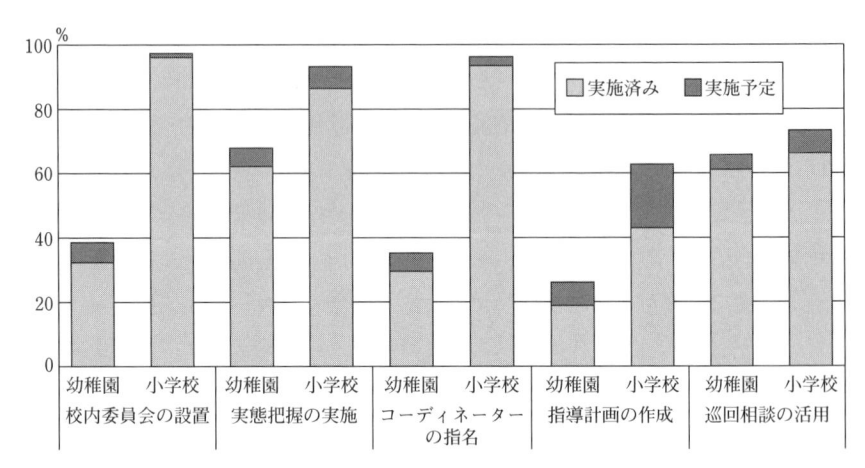

図12-5 特別支援教育体制の実施状況
2006（平成18）年9月1日現在

なっている。保育所に在籍する子どももいずれは小学校に就学する。したがって、保育所時代に十分な支援を受けていれば、小学校への移行がスムーズに進むはずである。こうした意味では、特別支援教育は幼稚園だけでなく、特別支援保育として保育所にとっても重要な課題だといえる。以下では、幼稚園・保育所における特別支援教育の進め方について述べる。

（2）子どもの実態把握について

2006（平成18）年5月の時点で、盲・ろう・養護学校の幼稚部に在籍する幼児は、全国でわずか1,600人強であった。したがって、それ以外の障害のある子どもは幼稚園・保育所・通園施設に通っていると考えられる。つまり、障害のある子どもはほぼ間違いなく保育現場にいるのである。こうした特別な保育ニーズのある子どもに対する支援として、これまでにもさまざまな取り組みがなされてきた。

しかし、保育現場で最も難しいのが子どもの実態把握と、それに伴う保護者との連携である。障害のある子どもに対する保育支援としては、次項で述べるように、加配の保育者をつけることが多く実施されている。しかし、保育者を

増員するためには，障害のある子どもが在籍することを明示しなければならない。つまり，保護者が子どもを専門機関に連れて行き，面談や心理検査などを経て子どもに障害があることを公表しなければならなかったのである。

　肢体不自由の子どもや明らかに知的障害を伴う子どもの場合は，すでに医療機関で診断を受けたり，保健機関等に相談していることが多い。こうした子どもの保護者は，子どもの障害についての告知を受けていたり，医療・福祉的なケアを受けている。したがって，障害児保育の対象児として保育者の増員を要求しやすい。しかし，いわゆる発達障害児や，知的能力が境界レベル（IQが70程度）や軽度の遅れの場合には，保護者がわが子を障害児であるとは認識しないため，障害児保育の対象となることに強い抵抗を示すことも少なくない。

　こうした子どもたちは，通常の保育の中で支援をしていかなければならないので，保育者が子どもの実態を正確に把握することが欠かせない。しかし残念ながら，発達障害について詳しい知識や保育技術を有する保育者はまだ少ないのが現状である。何よりも，子どもの実態を把握する方法が確立されていない点に問題がある。こうした，幼児の実態を把握する方法（たとえばチェックリストや問診票）は，現在はまだ開発中の段階であり，いくつかの研究グループから試作版が発表されている[5)6)]。この中でも，自閉症については早くから研究が進んでおり，第11章で示したDSM-Ⅳ-TRの改訂前のDSM-Ⅲ-R（1987年）の診断基準に準拠した評定尺度（CARS［Childhood Autism Rating Scale：小児自閉症評定尺度］）を利用することはできる[7)]。しかし，こうしたチェックリストはあくまでも目安であり，障害児の特徴は一人ひとり異なっている。保育者は，広汎性発達障害や注意欠陥多動性障害の本質的な特徴を理解し，さらに子ども一人ひとりの生育環境の中で生じてくる問題行動がどんな機能を持っているのかを正しく理解しなければならない。そのためには，発達障害等を理解するための研修と，園内での事例検討会（ケース・カンファレンス）を重ねていくことが欠かせない。

（3）保育における工夫
1）加配保育者による支援
　障害児保育の認定を受けられた場合には，幼稚園教諭もしくは保育士が増員されることがある。こうした措置のことを保育者の**加配**という。加配の保育者は，主に障害児保育の対象となった幼児を重点的に支援する。加配保育者が配置された場合には，集団での保育の他に個別の療育の時間をとることが可能になる。担任と加配保育者が連携しながら，集団での保育の時間と個別の保育の時間の在り方を工夫することで，障害のある子どもに対してきめ細かい保育を行うことができる。

　対象児が軽度の知的障害の子どもの場合には，その子どものペースに合わせながらごっこ遊びに取り組むことで，コミュニケーションや表象的な思考を育てることが大切である。しかし，自閉症や注意欠陥多動性障害の子どもの場合には，単に言って聞かせるだけでは指示が伝わらなかったり，わかっていても行動の制御ができないことがよくみられる。保育者が障害の本質をよくわかっていないと，叱責することが多くなったり，逃げ出した子どもの後を追いかけているだけで保育が終わってしまうことになる。子どもにわかりやすく情報を伝えること，うまくできたときには必ず賞賛すること，といった基本的な保育技術を身につけておく必要がある。

2）通常の保育における支援
　加配の保育者が得られなかった場合には，担任を中心に，幼稚園・保育所全体で支援する体制をつくらなければならない。担任が一人で障害児を抱え込んでしまうと，精神的・肉体的な負担が非常に大きくなってしまう。特に，自閉症や注意欠陥多動性障害の子どもの場合には，担任一人だけではどうしても支援できないことが多い。たとえ加配の保育者がいなくても，視覚的な手がかりを利用してわかりやすい園環境を構成したり，その子どもの適切な行動を職員がみんなで認め，子どもに対して肯定的なかかわりを保障していくことが大切である。

3）事例検討会（ケース・カンファレンス）

　特別支援の保育を充実させるためには，対象児の特徴について保育者が共通理解することが欠かせない。そのためには，事例検討会（ケース・カンファレンス）の時間を十分に確保する必要がある。ある幼稚園では，発達障害の療育を専門とし，主に心の問題を担当する職員（非常勤）が継続的に保育を観察したり，必要に応じて心理検査を行っている。その情報をもとに，毎週1回の全教員によるカンファレンスを行い，保護者との連携を図りながら保育を行っている。その結果，攻撃行動が激しかった注意欠陥多動性障害の幼児の問題行動が改善されたことが報告されている[8]。

　保育所は職員が交代制で勤務するため，全職員を交えたカンファレンスを行うことが難しい。しかし，子どもの実態や保護者から得られた情報などを，メモや連絡ノートにして担当者間で引き継ぐなど，職員間の共通理解を図るための工夫ができるはずである。小・中学校では，2003（平成15）・2004（平成16）年の特別支援教育推進体制モデル事業の際に，職員間で児童生徒の情報を共有したり小学校から中学校に引き継ぐための連絡シートがさまざまに工夫された。幼稚園・保育所でもこれらの先行的な取り組みを参照しながら，職員全体で子どもの共通理解を図ったり，支援に一貫性を持たせる取り組みがなされるべきである。

（4）外部機関との連携
1）専門機関との連携

　先に述べたように，幼稚園や保育所で子どもの実態を把握するためには，発達障害の特徴を十分に理解していなければならない。そこで，教育センター等の巡回相談を利用したり，通園施設や発達障害児支援センター等へ出向いて研修を受けるなどの取り組みが有効である。特に，保護者がわが子の障害を認めていない場合には，保育現場の中での対応が求められる。したがって，専門機関と恒常的に連絡を取り合う担当者（コーディネーター役）を明確にしておいた方が，連携がスムーズに行くと思われる。

2）小学校への引き継ぎ

　小学校に就学する際に，近年は幼・保と小の連携の大切さが指摘されている。以前は小学校側に障害に関する知識がなかったため，保育現場から子どもの障害に関する情報を提供しても，十分な対応がなされないことが多かった。その結果，保育現場からは子どもの発達について正確な情報を提供しないという悪い習慣が定着しているケースもみられた。しかし，特別支援教育についての体制が徐々に整備されてきた現在は，単に口頭で情報を引き継ぐだけでなく，小学校の教頭・教務主任やコーディネーターが実際に保育現場を訪れ，子どもの様子を観察していくことが増えてきつつある。口頭の連絡だけでなく，連絡シートに記入したり，実際の子どもの様子を見てもらうなどの連携が，就学に向けた**移行支援**として有効である。

■引用文献

1）文部省：「学習障害及びこれに類似する学習上の困難を有する児童生徒の指導方法に関する調査研究協力者会議」，文部省最終報告，1999

2）文部科学省：「学習障害（LD）への教育的支援　全国モデル事業の実際」，ぎょうせい，2002

3）特別支援教育の在り方に関する調査研究協力者会議：「今後の特別支援教育の在り方について（最終報告）」，文部科学省，2003

4）文部科学省：「小・中学校におけるLD（学習障害）ADHD（注意欠陥／多動性障害）高機能自閉症の児童生徒への教育支援体制の整備のためのガイドライン（試案）」，東洋館出版，2004

5）本郷一夫・杉村僚子・飯島典子ら：「保育の場における『気になる』子どもの保育支援に関する研究（2）「気になる」子どもの行動チェックリストと行動観察との関連」，教育ネットワーク研究室年報（東北大学大学院教育学研究科教育ネットワーク研究室），pp.35-44，2006

6）大六一志・長崎勤・園山繁樹・前川久男・宮本信也：「5歳児軽度発達障害スクリーニング質問票作成のための予備的研究」，心身障害学研究（筑波大学），

30, pp.11-23, 2006
7) E. ショプラー・, R. J. ライクラー, B. R. ラナー, 佐々木正美監訳：CARS―小児自閉症評定尺度―, 岩崎学術出版社, 1986
8) 野呂文行：他害行動を示す ADHD 幼児への援助（長畑正道・小林重雄・野口幸弘・園山繁樹編著：行動障害の理解と援助, コレール社, pp.141-154, 2000

第Ⅲ部　諸問題に対する教育心理学的アプローチ

第13章
教育相談の進め方

1. 教育相談の歴史と今日的展開

　本節では，教育相談の歴史を振りかえることを通して，その今日的な動きを概説する。従来，教育相談の歴史は，学校教育現場を中心に展開してきた。そこで，以下では，はじめに学校教育における教育相談について詳しく取り上げる。その後に，保育と幼児教育の分野における教育相談を取り上げる。

(1) 教育相談の歴史
　日本の教育相談の歴史は，戦後間もない時期にまでさかのぼることができる。当時，アメリカから紹介されたガイダンス理論が学校教育現場の指導方針に導入され，生徒指導と一体化した形での教育相談活動が始まる。1950（昭和25）年代になり，児童相談所や公立教育相談所の充実とともに，当時普及しつつあった**ロジャース**（Rogers, C. R.）の**来談者中心療法**による面接技法が導入される。これにより，個別面接を中心とした教育相談が広がりをみせる[1]。
　1960年代になると，高校紛争や非行などの問題が教育現場に噴出するようになる。さらに，1970年代から1980年代にかけて，今日でいう不登校やいじめなどの問題が現れるようになる。これらの教育問題を通じて，教育相談の役割が注目されるようになり，全国規模や地方自治体規模での取り組みが活発化する。そこでは，教育相談の専門的な知識と技能を身につけたリーダーの育成に重点がおかれるとともに，「**カウンセリングマインド**」に象徴されるような，教師全員が身につけるべき教育相談的姿勢の拡充が目指される。この時期の取

り組みは，教育相談を学校現場に独自の専門性を持つ相談活動として，学校教育全体の中に位置づけようとする本格的な試みであるといえる。しかしながら，当初の目的を達成するには十分なものとならなかったとするのが今日の一般的な見解である[2]。その後，1995（平成7）年から開始された「スクールカウンセラー活用調査研究委託事業」をきっかけに，「スクールカウンセラー」や「子どもと親の相談員」などの外部専門家を含めた教育相談体制が定着しつつある（図13－1）。

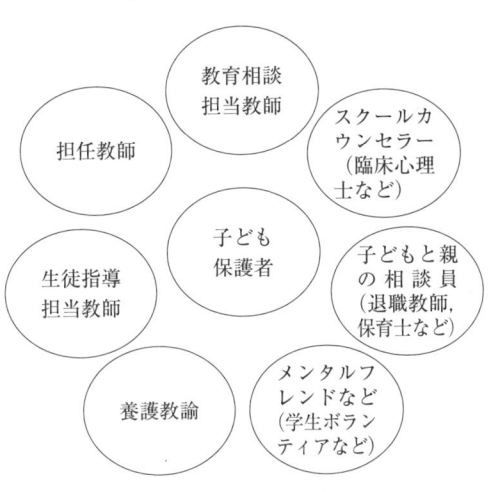

図13－1　今日の学校内における教育相談にかかわる担当者

（担任教師，教育相談担当教師，スクールカウンセラー（臨床心理士など），子ども・保護者，生徒指導担当教師，子どもと親の相談員（退職教師，保育士など），養護教諭，メンタルフレンドなど（学生ボランティアなど））

（2）社会の中における学校と教育相談

　以上のような教育相談の歴史的な展開にはさまざまな理由が考えられる。その一つとして，社会における学校教育の役割と教育相談の関係があげられる。

　通常小学校に通う以前の子どもは，主に家庭内の保護された空間で生活している。そこでは，個人的な事情や都合（自分の思い通りになってほしい，つらい葛藤は避けたい，願望をすぐに満たしたいなどの気持ち）を比較的そのままの形で満たすことができる[3]。それが，小学校の高学年になると，子どもは，身体的，性的，知的成熟に後押しされる形で自立の課題に向かいはじめる[4]。その際，社会は，個人的な事情や都合よりも，社会の中で現実に生活するために必要な原理や規範に従うことを要求してくるものと考えられる。そのような個人と社会の関係の中で，学校教育は，社会が求める原理や規範を身につける練習の場としての役割を果たす。校則や生活指導を中心とした生徒指導は，こ

の学校教育の役割にまさしく適合するものであるし，教科教育もそれに一役買っているものと思われる。

一方で，これらの段階でつまずきを示す子どもを対象とする教育相談は，大筋としてはその個人の事情や都合の方を重視せざるを得ない。そのため，特に，カウンセリングマインドに象徴されるような**受容**と**共感**を重視する教育相談の活動は，どうしても上記の学校教育の役割にそぐわない面を持ちやすかったものと思われる。以上のようなことが一因となって，上述のような教育相談の歴史的な展開が生じてきたものと思われる。

(3) 今日的な教育相談の展開

一方で，教育現場で生じる諸問題は，今日に至っても十分に解決に向かっているとはいいがたい。第10章で述べたように，従来からのいじめ，不登校，暴力行為などの問題は，ここ数年で減少傾向を示しつつも基本的には横ばいの状態にある。また，今までになかった新しい問題が数多く生じつつある。このような中，教育相談の新たな動きが注目されるようになってきている。

その背景には，文部科学省が生徒指導上の問題への対応について新たな指針を打ち出したことが関係している。文部科学省は，不登校問題に関して，従来の「登校拒否（不登校）はどの子にも起こりうるもの」，「登校への促しは状況を悪化させてしまうこともある」という指針があやまって教師の受動的な姿勢を助長したことをふまえ，「ただ待つだけでは状況の改善にはつながらないという認識が必要である」とし，不登校問題に対する教師からの積極的なかかわりを促している[5]。このような流れを受けて，さまざまな教育問題に対して教師からの積極的なアプローチが試みられるようになってきている。教育相談関係では，従来の受容と共感を中心としたかかわりにかわって，「**開発的教育相談**」や「**予防的教育相談**」といった考え方が提唱されている[1][2]。それらの試みには，受動的な姿勢だけでなく積極的なかかわりを重視している点，問題を持つ者だけでなくすべての児童生徒を対象としている点，教育相談担当教師だけではなくすべての教師が取り組む教育活動に位置づけられている点などに

主な特徴がみられる。これらの新しい教育相談の試みはいまだ始まったばかりの段階にあり，今後の展開が期待されている。

（4）保育と幼児教育における教育相談の展開

学校教育に比べて，従来，保育と幼児教育の分野ではあまり教育相談に関心が向けられてこなかった。しかし，少しずつ変化のきざしがみえはじめている。

少子化問題への対策として策定された「エンゼルプラン」（1995（平成7）年）と「新エンゼルプラン」（2000（平成12）年）により，子育て支援と幼児教育にかかわる施策が重点的に取り組まれることとなった。この動きに呼応して，厚生労働省は，1993（平成5）年度から子育て家庭の支援活動の企画，調整，実施を担う「子育て支援センター」の全国的な配置を開始するとともに，近年では，子育て家庭への訪問支援を行う「育児支援家庭訪問」や，子育て親子に相互交流と情報提供の場を提供する「つどいの広場」などの普及に努めている。また，文部科学省は，従来注目されることの少なかった家庭内における教育を「家庭教育」として位置づけ，行政，地域，子育て支援団体との連携のもとでその充実を目指している。さらに，両省は，2006（平成18）年度より相互の連携のもと「認定こども園」制度を開始し，保育所と幼稚園という従来の枠組みを越えた新たな取り組みを実現しつつある。

以上のように，今日の保育と幼児教育は，従来の利用者任意のあり方から，国や地方自治体が積極的な支援を展開する方向に推移してきている。現在，保育者による教育相談が表立って取りざたされることは少ないが，近い将来，保育者にも学校教育と同様の教育相談的な役割が求められる可能性は高い。

2．教育相談の役割

教育相談に求められる役割は，それぞれの現場のニーズによって大きく異なってくる。本節では，その中でおおむね共通して重要と考えられる教育相談の役割について概観したい。

（1）子どもと保護者へのアプローチ

　教育相談の役割としては，第一に悩みや問題を持つ子どもや保護者への直接的な働きかけがあげられる。この点については，本人の状態や現場の事情に応じて臨機応変な対応が求められる。以下では，その際に役立つと思われる心理カウンセリングの技法をいくつか紹介する。

　従来の心理カウンセリングでは，一対一の個人面接を何年にもわたって継続するようなものが主流であったが，近年では，**短期療法**や**集団療法**が普及しつつある。たとえば，**解決志向（ソリューションフォーカスト）療法**や**認知療法**，**認知行動療法**は，短期間のうちに問題の解決に向けた積極的でシステム化された働きかけをおこなうことで，一定の効果を引き出している。また，**エンカウンターグループ**や**家族療法**は，集団を対象とすることで，一対一の関係では生み出すことが難しい独自な影響をもたらすことに成功している。いずれも，個人の心理への込み入った分析を前提としないために心理的負担が少ない点，方法や目標が具体的でシステム化されているためにわかりやすい点，短期間で目標の達成を目指すために時間的にも負担が少ない点などに主な特徴がある。

　もちろん，一対一の個人的なかかわりを継続することが必要かつ有意義な場合も決して少なくない。また，上のような手法も，単なる技術や対策として取り入れるだけでは十分な意義を持たない場合が多い。大もとには，問題を抱える子どもや保護者の心を思いやり，それを理解しようとする姿勢がなければならない。しかし，保育所や教育の現場という特殊な状況や子どもの心理的特徴を考慮すると，比較的適するものが多いのではないかと思われる。

（2）教師，保育者を対象とした相談

　専門家同士の相談は，一般に**コンサルテーション**と呼ばれる。通常の相談と異なり，相談を行う側も相談を受ける側もともに専門家であり，相談する側の専門的立場が明確に尊重される点に大きな特徴がある。

　教育相談の中のコンサルテーションを考えた場合，教師と保育者がその主な

対象として想定される。これらの人々は、日ごろから多忙な業務をこなしている場合が多い。それに加えて、自分がかかわる子どもが何らかの問題を起こした場合の精神的・身体的負荷はきわめて大きい。また、専門性の違いから、問題を起こした子どもの心理をすぐには理解できないといったことも起こりやすい。それらのことが重なって、一時的に対応に困惑することも少なくないと思われる。その際に、専門的な知識と技法を持つ相談者に相談することは大変意味のあることであるし、何よりもそれにより精神的な支えを得ることができる。通常、コンサルテーション担当者は、日常生活や仕事の面で利害関係のない第三者的な立場の専門家がふさわしいとされている。しかし、教師や保育者という特殊な職業柄、同僚同士でなければ理解できない事情も多くあるため、教育相談担当者が行うコンサルテーションにも独自の意義があると思われる。

(3) ソーシャルワーキング

今日の心理学的援助の領域では、心の問題を抱える人を社会的な連携に基づくソーシャルワーキングによって支える活動が定着しつつある。それは、従来主に福祉分野の専門家によって取り組まれてきた領域である。しかし、教育相談の中でも、他の専門領域との連携はとても重要な観点である（図13-2）。

一言で連携といっても、実際に子どもや保護者を相手にする中ではさまざまな配慮が必要となる。その一つとして、「社会的分業」との違いを押さえておくことは重要である。今日、心の問題に関してさまざまな専門性がうたわれるようになるにつれて、「自分のところで対応できない問題は他の専門職へ」といった分業の観点が広がりつつある。そのこと自体は必ずしも批判されるべきことではないが、人の心はそもそもトータルなものであるから、分業の観点がなじまない場合も少なくない。時には、対応の困難な問題から手を引くという担当者の姿勢が、当の子どもや保護者の心を傷つけることにもなりかねない。したがって、連携を行う中では、ノーマライゼーションの思潮、つまり、障害を抱える人々の支援を社会全体の責務とする観点に立って、関係者全体が協力して子どもや保護者を支えていくことに主な意義があることをしっかりと自覚

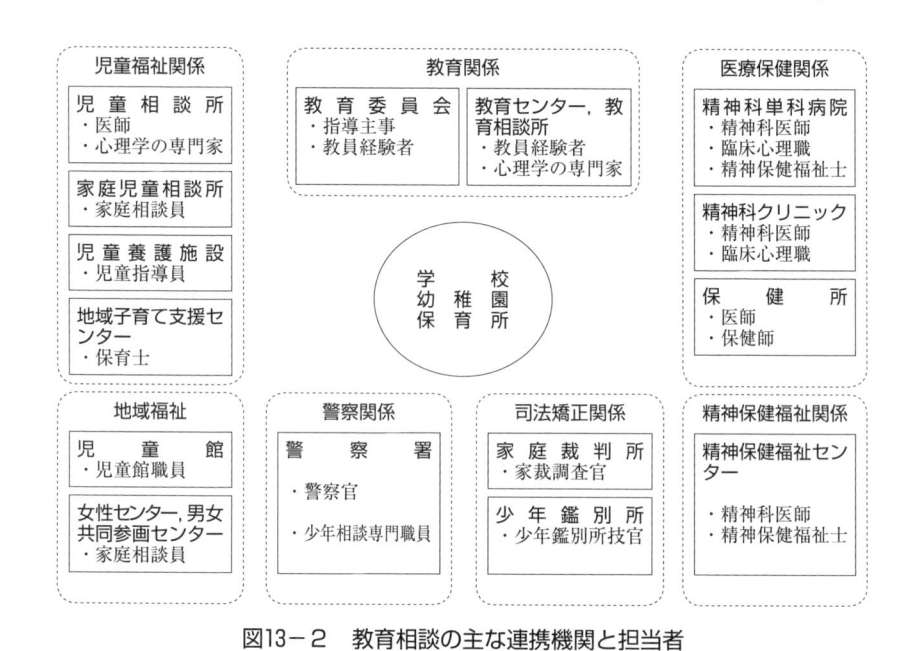

図13-2 教育相談の主な連携機関と担当者
(嶋崎 (2001)[2], 大芦 (2000)[6] をもとに作成)

する必要がある。

3. 進路指導とキャリア教育

以下では, 今後の進路指導の中心となる**キャリア教育**について述べる。文部科学省によるキャリア教育計画が小中高等学校を対象とするものであることから, 本節でいう教育相談は, 小中高等学校の児童生徒を対象とするものを指す。

(1) キャリア教育の必要性と理念

2004 (平成16) 年度から文部科学省は「新キャリア教育プラン推進事業」を開始した。これにより, 初等教育から高等教育にわたって一貫した「**キャリア教育**」が実施されることになった。この事業は, 産業界, 経済界との連携のも

とに策定された「若者自立・挑戦プラン」の支柱の一つに位置づけられている。このことから、今後、経済団体や地元企業などと共同して幅広い展開をみせることが予想される。

キャリア教育が必要となった背景には、今日深刻化しつつある若年者の就労状況がある。いわゆるバブルの崩壊後に始まった若年者の就職難や企業の雇用形態の多様化、流動化などがそれにあたる。特に、教育との関係では、いわゆる「**フリーター**」や「**ニート**」問題、さらには、**モラトリアム学生**、つまり、明確な目的意識を持たないままに大学に進学する者の増加などがあげられる（図13－3、13－4）。以上のような諸問題に対する抜本的な施策としてキャリア教育が実施されることになった。

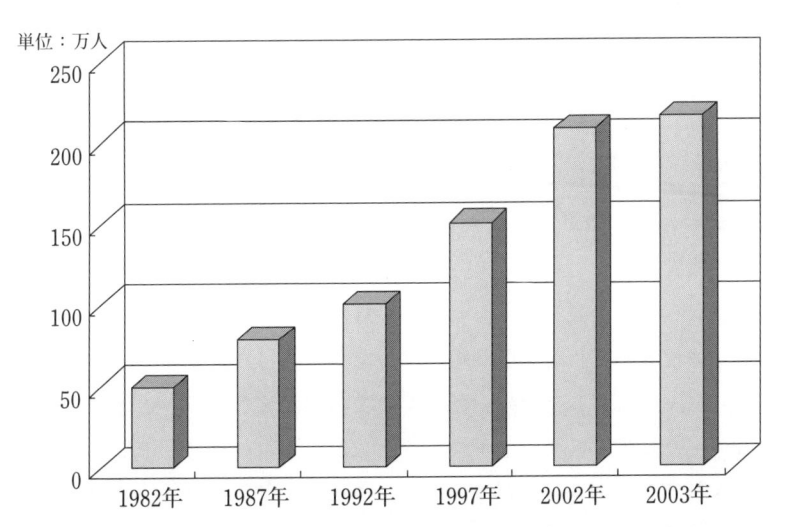

※文部科学省発行のリーフレット「キャリア教育の推進に向けて」をもとに作成。
※ここでいう「フリーター」とはおおむね、15～34歳で、女性については未婚の者とし、就業者については、呼称がアルバイト、パートである雇用者の者、無業者については、家事も通学もしておらずアルバイト・パートの職を希望している者をさす。なお、1992（平成4）年度までとそれ以降は集計方法が異なるため、直接比較はできない。

図13－3　フリーター人数の推移

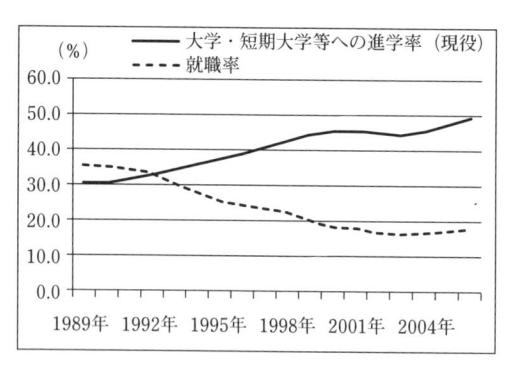

図13-4　高等学校卒業者の進路状況

（2）キャリア教育の理念と取り組み

　従来の進路指導は，ともすれば入試の難易度に即した進学指導や卒業直後の就労のみを視野に入れた就職指導に限られる傾向にあった。それに対して，キャリア教育における「キャリア」とは，文部科学省の答申において「個々人が生涯にわたって遂行する様々な立場や役割の連鎖及びその過程における自己と働くこととの関係付けや価値付けの累積」と定義されているように[7]，より個別的で全人的な観点から個人の職業活動をとらえようとするものである。キャリア教育は，子どもがその生涯にわたって充実したキャリアを達成するために必要な意欲と意識を養うことを目指している。

　キャリア教育の実践的な取り組みはいまだ始まったばかりであり，そのほとんどが計画段階にある。その中で先んじて実践に移されているものに中学校における「キャリア・スタート・ウィーク」がある。これは，中学校の学習過程の中に5日間以上の職場体験を取り入れるものであり，2005（平成17）年度には「キャリア・スタート・ウィーク推進連絡会議」が設置されている。また，2006（平成18）年度からは「キャリア・スタート・ウィーク・キャンペーン」と題した広報活動を開始するとともに，毎年11月を「推進月間」に指定するなど，教育界や経済界，地域住民を含めた幅広い実践が企画されている。

（3）キャリア教育の中での教育相談

　キャリア教育の中で教育相談がいかに位置づけられるかは，今後の展開を待たなければならない。従来の進路指導の枠内では，教育相談との直接的な結びつきは少ないように思われる。しかしながら，キャリア教育は，単なる就職や進学の問題だけでなく，子どもの全体的なキャリア発達を扱うものである。つまり，「人間関係形成能力（自他の理解能力とコミュニケーション能力）」や「意思決定能力（選択能力と課題解決能力）」などの育成を含むものである[8]。これらの教育上の目標は，教育相談とも密接にかかわるものであり，その点について教育相談の役割が取り入れられるかもしれない。また，キャリア教育では，教師全員に「キャリア・カウンセリング」の専門的知識と技術の習得が求められており，ここにも教育相談との連携の可能性がある。それ以外にも，さまざまな社会体験をすることで逆に不安や心配を感じる子どもが増えることが予想されるので，そのような子どもを理解し支えることも教育相談の重要な役割であるといえる。

4．保護者対応と支援

　本節では，特に保護者を対象とした教育相談について述べる。保護者に対する相談や支援では，子ども本人を対象とする場合とは異なる特別な配慮が必要となる[9]。

（1）現代社会における保護者との関係の変化

　今日の社会では，子どもへの関心や価値づけがますます高まりつつある。子どもの教育や受験の早期化，子どもの心の問題や安全セキュリティーに対する意識の高まりにその現れをみることができる。一方で，主体意識や権利意識がますます高まりつつあることも現代社会の特徴である。このことは，教育の領域に限らず医療，法律，経済をはじめさまざまな領域でみられる。特定の専門家集団と一般生活者との上下関係が希薄化し，一般の人々は，専門領域の問題

に対しても必要な情報を知り，自ら判断することを求めるようになった。

　以上のような現代社会の動きに呼応して，保護者と教師や保育者との関係は大きく変化しつつある。子どもへの対応が教師の自由裁量に委ねられる範囲はますます狭まり，保護者は，積極的に子どもに関する情報を求め主張するようになった。このような変化は，保護者個人の要因に還元できるものではなく，社会全体の構造にかかわるものである。教師や保育者はそのことをわきまえて対応しなければならない。

（2）保護者への対応と支援の留意点

　本来，保護者にとって，特に母親にとって，子どもは，乳幼児期における一体感を伴った体験に根ざしているために，自分自身の分身でありすべてであるかのような重要な存在である。子どもが自立の方向へ発達していくにつれて，保護者は，自分とは別個の人間として子どもを認知するようになるものの，大もとにはそのような関係が息づいている。したがって，ひとたび子どもに問題が生じると，保護者は大変不安になり心配をするのである。多くの保護者が普段は分別のある成人としての役割を十分にこなしている。それが，ひとたび子どものこととなると大きく取り乱すのはこのような事情による。保護者を対象とした教育相談においては，以上のような保護者と子どもの特殊な関係性をよく理解しておくことが必要である。

　その意味でいえば，保護者の教育相談は，自分自身の重大な悩みについて相談するという場合に非常に近いものである。普通，何らかの悩みで自ら相談に訪れた人に対して，その人を責めようとする人はいないであろう。しかし，子どもと保護者は外見上別々の人間であるから，悩んでいるのは子どもだけであって，保護者には通常の責任ある対応を求めるといった形になりやすい。ところが，保護者は，自分のせいで子どもに問題が起こっているのではないかと過敏になっているものである。そのために，少しでも保護者の育て方や家庭の問題などが取り上げられると，すぐにでも自分が悪いといわれたように受け取りやすい。どのような相談であっても相談者を悪いと位置づけるところからは

得るものが少ない。したがって，保護者を対象とする教育相談では，保護者を悩みの当事者のように扱い，可能な限り相手を責めるような姿勢にならないように配慮することが必要である。

通常子どもに何らかの問題が生じると，相談対応の中心はその子ども自身におかれる。一方で，保護者に対する教育相談は補助的な役割に位置づけられやすい。しかし，実際には，保護者と子どものつながりのほうが，教師と子どもとの関係よりもはるかに強い。特に，保育や幼児教育では，保護者と子どもの結びつきは強い一体感の中にあるので，保護者の変化が直接子どもの変化をもたらすようなことになりやすい。したがって，保護者に対する教育相談を子ども自身への相談と同じように熱心に取り組むことは大変有意義なものとなりうる。このことを心得ておくことも重要なことである。

■引用文献
1) 栗原慎二：新しい学校教育相談の在り方と進め方，ほんの森出版，2002
2) 嶋崎政男：生徒指導担当教師のための教育相談基礎の基礎，学事出版，2001
3) 辻 悟：こころへの途—精神・心理臨床とロールシャッハ学，金子書房，2003
4) 相澤直樹：「自立のはじまりとそのつまづき」(神戸大学発達科学部編集委員会編：キーワード人間と発達)，pp.44-45，大学教育出版，2005
5) 文部科学省：「今後の不登校への対応の在り方について（報告）」，2003
6) 大芦 治：教育相談・学校精神保健の基礎知識，ナカニシヤ出版，2000
7) 文部科学省：「キャリア教育の推進に関する総合的調査協力者会議報告書」，2004
8) 文部科学省：「小学校・中学校・高等学校 キャリア教育推進の手引」，2006
9) 吉田圭吾：教師のための教育相談の技術，金子書房，2007

さくいん

A-Z

ADHD …… 146, 154, 157
ATI ………………… 103
DIQ ………………… 48
DSM-Ⅳ-TR ………… 144
Es ………………… 100
ICD-10 …………… 144
IQ ………………… 48
IRE 構造 …………… 65
KR ………………… 61
LD ……………… 144, 157
MA ………………… 48
MAS ……………… 99
MMPI ……………… 99
PDD …………… 148, 157
P-F スタディ ……… 102
PM 理論 …………… 113
T-C 型授業記録 …… 63
T 得点 ……………… 90
WAIS ……………… 44
WISC ……………… 44
WPPSI …………… 44
Y-G 性格検査 …… 100

あ行

アグレッション …… 102
アサーショントレーニング
 ……………… 136, 137
アスペルガー障害 … 148
アスペルガー症候群 … 148
アセスメント ……… 11, 77
荒れ ………………… 138
アンダーアチーバー … 50
アンダーマイニング … 30
育児支援家庭訪問 …… 177
いじめ ……………… 129
一斉授業 …………… 60
逸話記録法 ………… 73
遺伝論 ……………… 2
内田クレペリン精神検査
 …………………… 101
エコラリア ………… 150
エスノメソドロジー … 63
演繹 ………………… 25
エンカウンターグループ
 …………………… 178
エンハンシング効果 … 30
オウム返し ………… 150
オペラント条件づけ
 ……………… 17, 18, 54
オペラント反応 …… 17

か

解決志向療法 ……… 178
外在的評価 ………… 77
開発的教育相談 …… 176
外発の動機づけ … 28, 29
外部評価 …………… 78

カウンセリングマインド
 …………………… 174
学業不振児 ………… 50
学習 ………………… 13
学習障害 …… 144, 154, 157
学習性無力感 ……… 33
学習説 ……………… 2
学習目標 …………… 37
学習理論 …………… 54
家族療法 …………… 178
学級規範 …………… 111
学級集団 …………… 109
学級崩壊 …………… 117
学校関係者評価 …… 78
学校恐怖症 ………… 124
学校評価 …………… 78
葛藤 ………………… 105
間隔尺度 …………… 84
環境閾値説 ………… 3
環境論 ……………… 2
関係性 ……………… 31
観察学習 …………… 21
観察記録法 ………… 73
完成法 ……………… 72
完全習得学習 ……… 76
寛容効果 …………… 79

き・く

「気になる」子ども … 142
帰納 ………………… 25

客観性……………………74
キャリア・カウンセリング
　　　　………………… 183
キャリア教育…………… 180
教育心理学……………… 1
教育的タクト……………66
教育評価………… 68, 69
強化刺激…………………17
強化スケジュール………18
共感………………… 176
教師期待効果………… 112
教師作成テスト…………72
共通特性…………………98
キレる………………… 139
勤勉性……………………96
組合せ法…………………72
グループ学習……………60

け・こ

経験説…………………… 2
形成的評価…… 62, 73, 75
ゲス・フーテスト…… 116
結果期待…………………33
原因帰属…………………35
言語性検査………………45
顕在性不安検査…………99
高機能自閉症………… 148
攻撃機制……………… 106
構成的グループエンカウン
　ター………… 119, 136
行動遺伝学………………93
行動主義…………………13
口答法……………………73
広汎性発達障害… 148, 157
効力期待…………………33

コーディング……………83
心の居場所…………… 127
心の理論……………… 150
誤差分布…………………89
個人特性…………………98
個人内評価………………71
固定理論…………………37
古典的条件づけ…………15
子どもと親の相談員… 175
個別式知能検査…………45
個別指導…………………60
混合式検査………………45
コンサルテーション… 178
コンピテンス……………29

さ・し

最近接発達領域… 8, 56, 57
再生形式…………………72
再生刺激法………………64
再認形式…………………72
3項随伴性………………17
算術平均…………………87
自我強度尺度……………99
自己決定…………………31
自己実現……………… 105
自己評価…………………76
自己防衛機制………… 106
事前的評価………………75
自尊感情…………………96
質問紙法…………………72
自閉症………… 147, 154
自閉症スペクトラム… 148
自閉性障害…………… 148
社会的学習………………20
従属変数…………………86

集団式知能検査…………45
集団の教育力……………10
集団療法……………… 178
受容………………… 176
順序尺度…………………84
小1プロブレム… 118, 140
消去………………………16
条件刺激…………………16
条件反応…………………16
成就指数…………………50
成就値……………………50
情緒的コンピテンス… 129
衝動性………………… 146
自律性……………………31
真偽法……………………72
診断的評価………… 62, 74

す・せ・そ

スクールカウンセラー
　　　　………… 127, 175
ステレオタイプ…………79
ストップモーション法…64
スモールステップ………55
生活年齢…………………44
正規分布…………………89
製作物法…………………74
成熟説…………………… 2
精神年齢………… 44, 48
正統的周辺参加…… 56, 57
生得説…………………… 2
積極的反応………………55
絶対評価…………………70
セルフ・エスティーム…96
先行オーガナイザー……55
潜在学習…………………20

選択法……………………72
総括的評価………… 62, 75
層構造……………………98
相互作用説………………2
相互評価…………………76
相対評価…………………70
増大理論…………………37
ソーシャルスキル教育
　…………… 119, 121, 136
ソーシャルワーキング 179
ソシオマトリックス… 115
ソシオメトリックテスト
　………………………… 115
ソリューションフォーカス
ト……………………… 178

た・ち

体験学習…………………60
第三者評価………………78
代理強化…………………21
多因子説…………………41
他者評価…………………76
妥当性………………… 101
田中ビネー知能検査Ｖ
　…………………………46
タブラ・ラサ……………2
短期療法……………… 178
単純再生法………………72
知的好奇心………… 29, 61
知能………………………40
知能観……………………37
知能検査…………………43
知能指数………… 44, 48
注意欠陥多動性障害… 146, 157

中心化傾向………………79
中心を示す代表値………86

つ・と

対提示……………………15
テイラー不安検査………99
適応…………………… 104
適応機制……………… 106
適応指導教室…… 125, 128
適性処遇交互作用…… 103
テスト・バッテリー… 101
投影法………………… 101
動機づけ…………………28
登校拒否……………… 124
到達度評価………………70
逃避機制……………… 106
特殊教育……………… 157
特性論……………………97
特別支援学校………… 164
特別支援教育…… 11, 143, 157, 160
特別支援教育コーディネーター……………… 161
独立変数…………………86

な行

内発の動機づけ… 6, 28, 29
ニート………………… 181
２因子説…………………41
二次の障害……… 126, 155
日本版 WISC−Ⅲ知能検査法……………………46
認知行動療法………… 178
認知主義…………………14
認知的葛藤………………55

認知的評価理論…………30
認知療法……………… 178
認定こども園………… 177

は・ひ

パーソナリティ…………93
背光効果…………………79
バウム・テスト……… 103
バズ学習…………………60
罰…………………………18
発達課題…………………96
発達障害………… 143, 151
発達の最近接領域
　………………… 8, 56, 57
ハロー効果………………79
般化………………………16
反響言語……………… 150
ピア・エデュケーション
　……………………… 136
ピア・カウンセリング
　……………………… 136
ピア・サポート……… 136
ピグマリオン効果… 6, 113
非言語性検査……………45
ビッグファイブ… 98, 100
標準化……………………99
標準テスト………………72
標準偏差…………………88
比例尺度…………………84
敏感期……………………7

ふ〜ほ

輻輳説……………………2
不注意………………… 146
不適応………………… 106

さくいん　*189*

不登校……………… 124
フリースクール……… 128
フリーター…………… 181
フリン効果……………52
プログラム学習…… 18, 55
分散……………………88
分離不安……………… 124
偏差……………………88
偏差値…………………90
偏差知能指数……… 44, 48
偏差平方………………88
変数……………………86
ベンダー・ゲシュタルト検査………………… 101
弁別刺激………………17
防衛機制…………… 106
包括システム………… 102
暴力行為…………… 137
ポートフォリオ…………76
保健室登校………… 127
母集団…………………99

● ま行

マスタリーラーニング…76
無条件刺激……………16
無条件反応……………16
名義尺度………………83
メタ認知………………76
面接法…………………73
メンタルフレンド…… 128
問答法…………………73
モデリング……………21
モラトリアム学生…… 181

● や行

有意味受容学習………55
揺さぶり………………61
欲求………………… 105
欲求不満…………… 105
予防的教育相談…… 176

● ら行

来談者中心療法…… 174
リーダーシップ…… 113
臨界期………………… 7
臨床心理士………… 128
類型論…………………97
レスポンデント条件づけ
　………………………15
劣等感…………………96
レディネス…………… 8
レディネス・テスト……75
レポート法……………74
ロールシャッハ・テスト
　……………………… 102
ロールプレイング…… 136

● 人　名

アイゼンク, H. J ………98
ヴィゴツキー, L. S.
　………………… 8, 57
ウェクスラー, D. ………44
エリクソン, E. H. ……96
オーズベル, D. P. ……55
ガードナー, H. ………41
カナー, L. ………… 147
ギルフォード, J. P.
　………………… 41, 100
クレッチマー, E. ………97
クレペリン, E. ……… 101
ゲゼル, A. …………… 4
コッホ, C. ………… 103
ジェイコブソン, L. … 112
ジェンセン, A. R. …… 3
シュテルン, W. ……… 2
ジョンソン, A. M.… 124
スキナー, B. F. …… 18, 54
スピアマン, C. E. ………41
セリグマン, M. E. P.……33
ソーンダイク, E. L. ……18
ダーベ, R. H. …………58
チェス, S. ……………95
トーマス, A. …………95
トールマン, E. C. ……20
トンプソン, H. ……… 4
ハザウェイ, S. R. ……99
パブロフ, I. P. ………16
バンデューラ, A. … 20, 33
ビネー, A. ……………43
フランダース, N. A. ……62
ブルーム, B. S. …… 57, 76
フロイト, A. ……… 106
フロイト, S. ……… 106
マズロー, A. H …… 105
ユング, C. G. …………97
ローゼンサール, R. … 112
ローゼンツヴァイク, S.
　……………………… 102
ロールシャッハ, H. … 102
ロジャース, C. R. …… 174
ワイナー, B. …………35

執筆者・執筆担当

〔編著者〕

本郷 一夫（ほんごう かずお）	東北大学名誉教授	第1章
八木 成和（やぎ しげかず）	桃山学院教育大学人間教育学部教授	第6章

〔著　者〕(50音順)

相澤 直樹（あいざわ なおき）	神戸大学大学院人間発達環境学研究科准教授	第13章
荒井 龍弥（あらい たつや）	仙台大学体育学部教授	第7章
石橋 正浩（いしばし まさひろ）	大阪教育大学教育学部教授	第8章
上野 淳子（うえの じゅんこ）	四天王寺大学人文社会学部准教授	第3章
糠野 亜紀（こうの あき）	常磐会短期大学教授	第10章
小林 真（こばやし まこと）	富山大学人間発達科学部教授	第12章
佐藤 淳（さとう じゅん）	北海学園大学経営学部教授	第2章
神藤 貴昭（しんとう たかあき）	立命館大学文学部教授	第5章
平川 昌宏（ひらかわ まさひろ）	東北福祉大学総合福祉学部准教授	第9章
松並 知子（まつなみ ともこ）	武庫川女子大学非常勤講師	第11章
吉國 秀人（よしくに ひでと）	兵庫教育大学人間発達教育専攻准教授	第4章

シードブック
教育心理学

2008年（平成20年）4月1日　初版発行
2020年（令和2年）11月20日　第9刷発行

編著者　本郷一夫
　　　　八木成和
発行者　筑紫和男
発行所　株式会社建帛社
　　　　KENPAKUSHA

〒112-0011　東京都文京区千石4丁目2番15号
　　　　　　TEL　（03）3944-2611
　　　　　　FAX　（03）3946-4377
　　　　　　https://www.kenpakusha.co.jp/

ISBN 978-4-7679-3226-2　C3037　　　　中和印刷／ブロケード
Ⓒ本郷一夫・八木成和ほか，2008.　　　Printed in Japan
（定価はカバーに表示してあります）

本書の複製権・翻訳権・上映権・公衆送信権等は株式会社建帛社が保有します。
JCOPY 〈出版者著作権管理機構委託出版物〉
本書の無断複製は著作権法上での例外を除き禁じられています。複製される
場合は，そのつど事前に，出版者著作権管理機構（TEL 03-5244-5088，
FAX 03-5244-5089，e-mail : info@jcopy.or.jp）の許諾を得て下さい。